Für Moma

Mena Kost
Annette Boutellier

Ausleben

Gedanken
an den Tod
verschiebt
man gerne auf
später

Christoph Merian Verlag

Inhalt

Gegen die Angst vor dem Tod hilft nur eins: darüber reden

Vorwort

Der Umgang mit dem eigenen Tod ist etwas sehr Persönliches. Es ist nicht immer einfach, darüber zu sprechen, auch nicht mit Familienangehörigen oder Freunden.

Viele Junge trauen sich nicht, mit älteren, ihnen nahestehenden Menschen über Tod und Sterben zu reden. Weil sie sie nicht daran erinnern wollen. Und weil es sich – zuerst einmal – pietätlos anfühlt, dem Gegenüber zu zeigen, dass man sich mit dessen Tod auseinandersetzt und damit bereits ein Stück weit Abschied nimmt.

Viele ältere Menschen hingegen schweigen, weil sie die Jüngeren nicht belasten wollen – und manchmal auch, weil sie beschämt sind über ihre eigenen Ängste. Dabei wäre es für beide ein Bedürfnis, darüber zu sprechen.

Das Lebensende ist auch gesellschaftlich eines der am stärksten tabuisierten Themen. Mit dem medizinischen Fortschritt ist der Tod aus unseren Schlafzimmern und Stuben in die Krankenhäuser gezogen. Damit sind die Toten fast komplett aus unserer Umgebung verschwunden, und der Umgang mit ihnen hat sich verändert: Noch bis in die 1960er-Jahre wurden sie zu Hause gewaschen, angezogen und aufgebahrt. Zur Beerdigung wurden die Särge für jedermann sichtbar zum Friedhof gefahren. Heute fehlt die öffentliche Inszenierung; der Tod ist zur Privatsache geworden.

Auf den folgenden Seiten erzählen Frauen und Männer zwischen 83 und 111, wie sie mit dem Tod umgehen. Sie berichten von ihren Gedanken, Ängsten und Hoffnungen. Sie sagen, wie sie am liebsten sterben möchten und wovor sie sich am meisten fürchten. Wie es ist, auf ihr Leben zurückzublicken, und wie es sich anfühlt, nach vorne zu schauen.

Es kommen ausschliesslich alte Menschen zu Wort, und nicht etwa auch junge, todkranke Menschen. Hier soll es um jenen Tod gehen, den sich die meisten wünschen: den Tod nämlich, der irgendwann einfach anklopft – nach einem langen Leben.

Der letzte Lebensabschnitt stellt die Menschen vor grosse Herausforderungen. Auch unter den besten Umständen bedeutet Altwerden loslassen, loslassen und nochmals loslassen. Weil die eigenen Möglichkeiten abnehmen, die Gebrechen zunehmen, die Kraft nachlässt und die Beziehungen weniger werden. In Würde zu altern und schliesslich zu sterben ist eine Lebensendaufgabe. Trotzdem – oder gerade deshalb – verliert der Tod für viele alte Menschen an Schrecken. Einige entwickeln sogar eine Art freundschaftliches oder humorvolles Verhältnis zu ihm. Die Gelassenheit und Unerschrockenheit, die Gewissheit, dass einem sowieso nicht mehr allzu viel Zeit bleibt, diese Nähe zum Tod und die Lebenserfahrung hochbetagter Menschen sind inspirierend, berührend und kommen einem nahe.

Die Begegnungen mit den Menschen in diesem Buch waren von Beginn an eine wunderbare Erfahrung: Ich habe Briefe verschickt und viele handgeschriebene Antworten sowie einige E-Mails erhalten. Nur wenige haben abgelehnt. Niemand hat einen einmal vereinbarten Gesprächstermin abgesagt oder verschoben. Die Fotografin Annette Boutellier und ich wurden überall freundlich und offen empfangen. Wir sind uns einig: Nie zuvor haben wir so viele zuverlässige, aufgeräumte und ehrliche

Menschen zum Gespräch getroffen. Es war eine grosse Bereicherung, einen Einblick in all diese Leben zu erhalten.

Die Gespräche für dieses Buch haben zwischen Herbst 2018 und Herbst 2019 stattgefunden. Einige, die wir porträtiert haben, sind unterdessen verstorben. Wir sind glücklich und dankbar, dass wir sie noch kennenlernen durften. Allen Porträtierten möchten wir ganz herzlich danken – für die Zeit, den Mut und das Vertrauen.

Es tut gut, über den Tod zu reden. Weil man ihn damit, zumindest ein Stück weit, gemeinsam akzeptiert. Weil solche Gespräche ein Gefühl der Zusammengehörigkeit befördern – als Menschen. Nicht nur in der Zweierbeziehung, auch in der Gemeinschaft. In einer Gesellschaft, in der oft die Unterschiede in den Vordergrund gerückt werden und das, was uns voneinander trennt, kann die Sterblichkeit eine Kraft sein, die uns zusammenhält. Wenn wir den Tod in der Gesellschaft verhandeln und die Herausforderungen, die er an uns Menschen stellt, anerkennen, dann verbindet er uns. Er erwartet uns alle.

Die einen gehen voraus, die anderen kommen hinterher.

Mena Kost

« Es ist schon schön, wenn man die Welt um sich herum hat »

Sofie Pfister-Odermatt
*1929

Die Luft ist eiskalt. Sofie Pfister-Oder-
matt steht auf dem Balkon ihrer
Wohnung in Waltensburg/Vuorz (GR).
Sie zeigt über den schneebedeckten
Garten zu einem blau gestrichenen
Neubau hinüber: Dort hat vor Kurzem
noch der alte Hof gestanden, in dem
sie fast ihr ganzes Erwachsenenleben
gewohnt hat. Nun ist die 90-Jährige
umgezogen – damit die Jungen bau-
en können. Der alte Hühnerstall aber
steht noch. Sechs Hennen und ein
Hahn wohnen darin. Gerade kräht er
wie verrückt.

«Er war heute Morgen schon eine Stunde im Freien, die Hennen natürlich auch. Aber eigentlich laufen sie nicht so gerne im Schnee. Wenn der Hahn meine Stimme hört, ruft er trotzdem nach mir; damit ich ihn rauslasse. Tiere sind schon etwas Schönes. Ich möchte nicht ohne sie leben.

Früher habe ich jeden Herbst die alten Hennen gemetzget und neue her getan. Das Metzgen habe ich in der Hauswirtschaftsschule in Zürich gelernt: Du nimmst die Henne und streichelst sie ein bisschen, damit sie ruhig wird. Dann hältst du die Flügel und die Beine zusammen, nimmst einen Stock und haust ihr damit auf den Kopf. Ich schwinge sie sogar zuerst noch an den Füssen, damit sie schon etwas betäubt ist, wenn der Stock kommt. Danach kannst du sie hinlegen und den Kopf abschneiden. Das ist die sicherste Methode – wenn der Kopf weg ist, lebt keiner mehr.

Aber seit einer Weile mag ich sie nicht mehr metzgen. Plötzlich hat mir das so gestunken, ich wollte einfach nicht mehr. Dieses Jahr habe ich fünf Hennen über die Felsen ins Tal geworfen. Ich hatte das mit dem Wildhüter besprochen, er hat gesagt, ich solle das ruhig tun. Es fehle nämlich an Nahrung für die Wildtiere. Aber die Hennen waren schon tot, als ich sie runtergeworfen habe. Ich habe sie so lange behalten, bis sie altershalber gestorben sind.

In letzter Zeit studiere ich schon am Tod rum. Früher habe ich gedacht: Jetzt habe ich noch fünfzig Jahre zu leben, dann noch zwanzig Jahre. Aber jetzt ist nichts mehr da – ich bin 90. Bei uns im Dorf stirbt dauernd jemand. Es gehen immer mehr von uns, man verliert auch seine Freundinnen. Da fehlt etwas. Die Welt hier unten hat sich stark verändert, es ist nicht mehr so richtig unsere Welt. Nicht nur, dass wir immer weniger Leute kennen, weil alle wegsterben. Auch was die Technik angeht, verändert sich alles. Manchmal verstehe ich nicht einmal mehr die Wörter. Es war schon schöner auf der Welt, als ich noch den Überblick hatte. Ja, der Überblick ist mir gegangen; den habe ich nicht mehr. Aber vielleicht geht es ja allen ein bisschen so? Manchmal scheint mir, sogar den Jungen wachse es hin und wieder über den Kopf mit der Welt.

Als ich kürzlich in Chur unten war, habe ich wieder einmal gedacht: Ich könnte nicht in der Stadt leben. Dort ist es so schwer. All die Steine, die aufeinandergestapelt sind und um einen herumstehen. Hier auf dem Land sieht man die Berge, hier hat man eine Aussicht. Es ist schon schön, wenn man die Welt um sich herum hat.

Geboren bin ich zwar in Stadtnähe, in Knonau bei Zürich. Aber weil mein Vater, ein Pfarrer, eine Lungenkrankheit bekam, musste er nach Arosa zur Kur. Die Mutter und wir Kinder gingen mit. Als er wieder gesund war, hat der Vater gesagt, er wolle nicht mehr runter in die Stadt, in diesen Nebel. Da sind wir nach Furna ins Prättigau und später dann nach Davos. Danach bin ich nie mehr ins Tal gezogen.

Der Tod ist kein Wolf, der am Waldrand steht und vor dem man Angst hat. Nein, der Tod ist etwas Unverdautes. Aber er hat unterschiedliche Gesichter: Wenn man im Krieg sterben muss, erschöpft und hungrig, dann ist der Tod etwas Grausames.

Oder wenn man als junger Mensch weiss, dass man sterben muss – vielleicht sogar mit kleinen Kindern. Das ist natürlich besonders hart, damit kann man nicht umgehen.

Aber wenn man sterben muss, nachdem man ein langes Leben gelebt hat, ist das etwas anderes. Wir Alten müssen weniger zurücklassen. Meine Mutter ist bereits gestorben, mein Vater, mein Bruder, die Schulkameraden – und auch mein Mann. Es hat sich da oben also schon etwas bewohnt.

Erst wenn du jemanden verlierst, weisst du wirklich, wie das ist. Mein Mann Fluri fehlt mir wahnsinnig. Er ist im Jahr 2000 gestorben, er hatte Krebs. Ich habe ihn nicht ins Tal gegeben, ich habe ihn zu Hause behalten. Damals haben wir noch im alten Haus gewohnt. Er ist in dem Zimmer gestorben, in dem er auch geboren wurde. Man konnte nichts mehr machen, das war klar. Ich musste nur schauen, dass er zu essen hatte, gewaschen wurde, auf die Toilette konnte. Wir haben immer darauf geachtet, dass jemand in der Nähe war, damit er rufen konnte. Einmal hat Fluri zu mir gesagt: ‹Ich weiss, dass ich sterben muss.› – ‹Ja›, habe ich geantwortet, ‹wir wissen, dass du eine schwere Krankheit hast. Aber jetzt bist du noch hier. Und wenn du dann sterben musst, musst du keine Angst haben. Dann lassen wir dich gehen. Aber wir kommen hinterher.›

An einem Morgen im Frühling ist er dann gestorben. Meine Mädchen haben ihn gewaschen, und wir haben ihm einen schönen ‹Tschopen› angezogen. Ein halbes Jahr lang habe ich jeden Abend im Bett angefangen zu weinen. Dann, eines Abends im Herbst, habe ich gemerkt: Eigentlich müsste ich jetzt nicht weinen – ich könnte schon, aber ich muss nicht. Da habe ich gedacht, jetzt weine ich einmal nicht.

Ich hatte schon als Mädchen den Wunsch, eine Familie zu gründen und Kinder zu bekommen. Fluri und ich hatten sechs Kinder; drei Mädchen und drei Buben. Die Zeit, in der die Kinder klein sind, ist schon speziell schön. Mei, habe ich diese ‹Böbbeli› gern gehabt! Ich wüsste nicht, was ich gemacht hätte, wenn ich keine Kinder bekommen hätte. Fluri und ich haben uns in Waltensburg kennengelernt. Ich leitete dort ein Kinderheim von Pro Juventute. Ich und zwei andere junge Frauen waren für die 32 Kinder zuständig und haben auch gekocht. Am Abend sind oft drei junge Männer vorbeigekommen – zum ‹Hängeren›. So hat das früher geheissen. Wir sind also zusammen in der Küche gesessen und haben Kaffee getrunken und geredet. Ich habe gleich gemerkt, dass Fluri mein Mann wird; bei ihm habe ich mich einfach zu Hause gefühlt. Als ich 26 war, haben wir geheiratet. Hier in Waltensburg, mein Vater hat uns getraut. Und der Schwiegervater hat uns den Hof übergeben. Von meinem Fenster aus sieht man ihn, dort drüben liegt er, der Laufstall ist neu. Heute führt ihn mein Enkel Paulin.

Wenn jemand Angst hat vor dem Tod, dann hilft es, darüber zu reden. Ich habe eine Freundin, die gestürzt ist und sich das Bein ausgekugelt und zerquetscht hat. Seither liegt sie. Ich besuche sie jeden Donnerstag. Mit ihr rede ich viel übers Sterben. Das muss schon sein, das muss man irgendwo abladen. Mir selbst wäre es am liebsten, wenn ich gar nicht merken würde, dass ich sterbe. Wenn ich einfach plötzlich weg wäre und die

Jungen es dann entdecken würden. Wie ich einmal beerdigt werde, überlasse ich auch den Jungen. Nur verstreut werden möchte ich nicht, das ist einfach ein ‹Seich›. Dann gibt es keinen Ort, wo man hin kann. Ausserdem ist der Friedhof im Frühjahr so schön, wenn alle Gräber gemacht sind und es zu blühen beginnt.

Am Abend liege ich manchmal im Bett und studiere. Zum Beispiel über Dinge oder Namen, die ich vergessen habe. Das ist das Alter. Es hat einfach keinen Platz mehr im Kopf, alles ist ausgefüllt vom Erlebten. Wenn es Köpfe zu kaufen gäbe, würde ich mir einen frischen kaufen. Ewig leben wollte ich trotzdem nicht, nein. Aber ein Weilchen lebe ich gerne noch.»

« Ich
würde
noch
Freunde
einladen
und
Bier
trinken.
Oder
Rotwein
»

Ralph Gentner

*1932

An den Wänden hängt Kunst, die
Möbel sind Design-Klassiker, eine Alt-
bauküche, Aschenbecher, das Ma-
gazin ‹The New Yorker› auf dem Fuss-
boden – unter anderem: So stellt
man sich die Wohnung eines 87-jähri-
gen Mannes nicht vor. Diese hier hat
etwas Altersloses. Genau wie Ralph
Gentner. Während das ehemalige
Mitglied des Berner Architekturbüros
Atelier 5 erzählt, raucht er eine
nach der anderen. Das macht er nicht,
weil er nervös ist – Ralph Gentner
ist die Ruhe selbst. Das macht er immer so.

«Das Rauchen hat mir meine Mutter beigebracht. Ich habe sie nicht mehr besucht, als es ihr schlecht ging, kurz vor ihrem Tod. Ich hatte damals das Gefühl, die Arbeit sei wichtiger. Das bereue ich.

Der Tod beschäftigt mich schon, also mein eigener Tod. Ich stelle mir vor, dass sterben ist wie einschlafen und nicht mehr aufwachen. Ich habe also keine Angst vor dem Sterben. Angst habe ich davor, das bewusste Leben zu verlieren, dement zu werden. Deshalb bin ich bei Exit. Ich bin beigetreten, nachdem ein guter Freund von mir sich mit Exit das Leben genommen hat. Er hatte einen Hirntumor und Angst davor, gaga zu werden. Ich war beim Sterben nicht dabei – das wollte ich irgendwie nicht. Aber am Tag davor war ich bei ihm, habe mich verabschiedet, mit einer kurzen Umarmung.

Ich war sieben, als der Krieg losging. Mein Vater war Deutscher, meine Mutter Schweizerin. Wir hatten das Glück, dass wir in Heidelberg lebten; dort gab es fast keine Bomben. Wenn die Bombengeschwader über die Stadt flogen, hatte ich trotzdem grosse Angst. Wir hatten keinen Keller im Haus. Aber Nachbarn hatten sich in der Nähe einen Bunker bauen lassen, und dorthin bin ich bei Bombenalarm dann gegangen. Meine Eltern nicht, aber ich schon.

Weil es nicht genug zu essen gab, hatten wir Hunger. Ich weiss noch, dass ich mit meiner Mutter zum Ährenlesen ging. Also auf den Feldern aufgelesen habe, was liegen geblieben war. Das Schweizerdeutsch habe ich dank ihr behalten. Ganz oben in unserem Haus wohnte ein Nazi-Pfarrer, also ein ganz schlimmer

Nazi und Pfarrer. Um ihn zu ärgern, hat sie Schweizerdeutsch mit mir gesprochen. Weil er so nicht verstand, was wir redeten. Als der Krieg dann vorbei war und die Amerikaner in Heidelberg einmarschierten, sind meine Eltern vor Freude an die Hauptstrasse gelaufen und haben den Soldaten zugewinkt. Bis ein amerikanischer Offizier angehalten und sie gefragt hat, ob sie eigentlich wahnsinnig seien. Die Soldaten waren nervös und hätten sie erschiessen können.

In unserer Familie haben Ehrlichkeit und Freundschaft viel gegolten – und dass man die Dinge rational betrachtet. Vor allem für meinen Vater war das wichtig. Er war Kernphysiker und musste nicht in den Krieg, weil er einer sogenannten ‹kriegswichtigen› Arbeit nachging. Aber er hat nicht an der Atombombe gearbeitet oder so. Er hat geforscht. Ich bereue, dass ich meine Eltern nie gefragt habe, was sie eigentlich gewusst haben. Also über die Konzentrationslager. Ich selbst hatte keine Ahnung, ich war ja ein Kind. Aber vom Krieg geprägt war ich schon – von der Stimmung, die herrschte. Wir Kinder waren irgendwie gewalttätig. Nicht untereinander, aber trotzdem. Einmal haben wir zum Beispiel einen sehr grossen Stein ins Rollen gebracht und damit ein Schrebergartenhäuschen weiter unten am Hang zerstört.

Ich fände es nicht schlecht, an einem Hirnschlag zu sterben. Zu wissen, dass ich bald sterben würde, wäre auch in Ordnung – wenn ich nicht leiden müsste. Ich kenne jemanden, bei dem es so war. Er hat noch Freunde eingeladen und sie haben Champagner getrunken. Das würde ich vielleicht auch tun. Also nicht mit Champagner, den mag ich nicht. Aber mit Bier. Oder

Rotwein. Das ist auch für die Freunde schön. Für sie ist es traurig, wenn ich sterbe. Für mich nicht – ich bin dann ja nicht mehr da.

Als mein Vater im Sterben lag, habe ich ihn noch besucht. Er hatte eine Nervenkrankheit. Man hat nie darüber gesprochen, aber ich habe immer gedacht, dass sie vielleicht mit dem früheren Umgang mit Radioaktivität zu tun hatte. Bei diesem Besuch hat er mit mir über die Zeit nach seinem Tod gesprochen. Dass ich meine Mutter besuchen solle und so. Es war ein ganz nüchternes Gespräch – ganz ohne Trauer. Das ist mir stark geblieben.

In meiner Küche habe ich einen Friedhof mit Fotos von allen meinen Verstorbenen. Manchmal kommen mir beim Betrachten Situationen in den Sinn, die wir zusammen erlebt haben.

Als der Krieg vorbei war, mit 14, haben mich meine Eltern in die Schweiz geschickt. In Heidelberg gab es keine Schulen mehr, und weil ich in Basel eine Tante hatte, kam ich zu ihr. Diese Familie war viel bürgerlicher als meine eigene. Man hatte vorgefasste Meinungen. Das war nicht ganz einfach. Zum Phil.-I-Studium bin ich dann nach Freiburg gegangen. Aber das war mir zu viel unnützes Geschwätz, und ich begann Architektur in Karlsruhe zu studieren. Dort hatte ich eine gute Zeit: Wir hatten einen grossartigen Professor, Egon Eiermann, und ich gehörte zu einer Gruppe von Studenten, die in einer Siedlung aus den 30ern lebte und sich ‹Männer-Staat› nannte.

Gleich nach dem Studium habe ich mich beim Atelier 5 in Bern beworben. Ich hatte aus einer Literaturzeitschrift von diesem Architektenkollektiv erfahren. Das war die beste Entscheidung meines Lebens. Sie haben mich genommen, und 1958 bin ich nach Bern gezogen. Zuerst war ich Angestellter, später Partner. Ich blieb mein ganzes Arbeitsleben dort. Das Atelier 5 hat mein Leben ausgemacht.

Früher habe ich gedacht, dass ich im Gemeinschaftsgrab auf dem Friedhof Bremgarten beerdigt werden möchte. Dort war ich schon an vielen Beerdigungen. Es gab da so einen grossen Stein mit einer Klappe an der Stirnseite. Diese wurde geöffnet und die Asche aus der Urne hineingekippt. Es hat ja immer noch ein paar ‹Knöcheli› in der Asche und die hat man dann gehört. Das hat mich fasziniert. Aber jetzt ist dort alles anders, und ich habe mir gedacht, dass meine Asche entweder in die Aare oder ins Mittelmeer gestreut werden soll. Das Mittelmeer fände ich eigentlich schöner.

Ich habe keine Kinder – auf alle Fälle keine, von denen ich weiss. Es war auch nicht mein Plan, Kinder zu bekommen. Als Testamentsvollstrecker habe ich mein Patenkind und einen Freund eingesetzt. Ich denke, sie würden das mit der Asche für mich machen.

Mit dem Leben, das ich führe, bin ich zufrieden. Am Morgen mache ich mein Frühstück. Am Mittag kaufe ich mir ein Birchermüesli oder gehe ins Restaurant Commerce – aber erst um 13:30 Uhr, dann hat es Platz. Nachher gehe ich einkaufen; ich koche jeden Abend für mich. Dann schaue ich ein wenig fern oder lese einen Krimi. Zurzeit arbeite ich ausserdem an einem Buch, zusammen mit einem Freund aus Barcelona. Es heisst ‹Die sanfte Moderne› und geht um Häuser aus den 20er- und 30er-Jahren, die in Bern stehen und vom Bauhaus inspiriert sind.

Ich habe viele Freunde, die jünger sind als ich – zwanzig, dreissig Jahre. Sie werden nach mir sterben. Das ist ein grosses Glück für mich und für meine Lebensqualität als Greis. Wir essen zusammen, fahren in die Ferien, so was. Im Alter muss man junge Freunde haben, sonst redet man immer nur über die alten Zeiten. Man muss über das reden, was jetzt ist.

Wenn ich Tram fahre, schaue ich die Jungen an und versuche mir vorzustellen, wie sie aussehen werden, wenn sie alt sind. Und ich schaue die Alten an und versuche, sie mir jung vorzustellen. Das mache ich gerne. Wenn ich einsteige, steht manchmal das halbe Tram auf. Dann frage ich mich schon, wie die Leute mein Alter sehen. Obwohl: Sie stehen nicht immer auf. Ich bin mir nicht sicher, aber es könnte davon abhängen, ob ich den Hut trage oder nicht.»

« Das möchte ich noch einmal haben. Aber das gibt es nicht mehr »

Alice Schaufelberger

*1908

Ihre weisse Seidenbluse leuchtet im
Halbdunkel. Im Zimmer von Alice
Schaufelberger im Alters- und Pflegeheim Grünhalde in Zürich-Seebach
stehen keine Bücher, kein Radio, kein
Fernseher. Das ist ihr alles zu viel.
Nur die Bibel und die Glückspost sind
noch da. Als sie 1908 auf die Welt
kam, war sie so klein, dass sie beinahe
in den Holzschuh ihres Vaters passte.
Damals hätte niemand gedacht,
dass sie einmal der älteste Mensch
der Schweiz werden würde.

«Jetzt bin ich also die Älteste. Das ist ein Wunder. Die Mutter hat mir immer erzählt, wie grosse Mühe sie hatte, mich durchzubringen. Sie musste sehr gut auf mich aufpassen. Ich hatte einen alten Onkel, der mich manchmal gehütet hat, wenn die anderen aufs Feld gefahren sind. Er hat mir später erzählt, dass ich beinahe in den Holzschuh des Vaters gepasst hätte. Ich bin auch heute nicht gerade gross, das nicht. Aber ich bin ein Leben lang gesund geblieben.

Aufgewachsen bin ich in Reitnau im Kanton Zürich. Mein Vater ist früh gestorben, er hatte etwas auf der Lunge. Aber ich hatte eine sehr tapfere Mutter. Sie ist nach seinem Tod in eine Weberei gegangen und hat dort gearbeitet. Ich hatte noch eine ältere Schwester und einen älteren Bruder – die Mutter hat uns alle drei durchgebracht. Damals hat man keine Unterstützung von der Gemeinde bekommen. Man war ganz allein.

Unsere Mutter hat uns gut erzogen, obwohl sie immer gearbeitet hat. Wir Kinder haben die Situation damals nicht recht verstanden, aber heute weiss ich: Sie muss ein ganz starker Mensch gewesen sein. Lena hat sie geheissen. Aber wir haben sie ‹Muetter› gerufen. Morgens um sieben ist sie aus dem Haus gegangen. Mein Bruder hat mich aus dem Bett genommen und angezogen. ‹Komm du kleines Entli, ich ziehe dich an›, hat er immer gesagt. Daran erinnere ich mich. Ich habe wohl schon damals etwas gewackelt. Am Abend hat er mich dann wieder ins Bett gebracht. Er war ein sehr lieber Bruder. Aber er ist früh gestorben, mit 26 Jahren. Ich weiss nicht mehr genau, warum. Als er starb, haben wir so sehr geweint. So lange.

Meine Mutter hat neben ihrer Arbeit auch den Garten bepflanzt. Wenn ich heute Salat esse, denke ich an den Kopfsalat aus unserem Garten. Er war wunderschön. Und so gut. Am Abend hat es immer Kopfsalat und Kartoffeln gegeben. Das werde ich gar nie vergessen. Wir waren alle beieinander, haben zusammen gegessen. Das möchte ich noch einmal haben. So einen Salat. Aber das gibt es nicht mehr.

Man kann nicht alles haben. Ich mag noch jeden Tag aufstehen, ich komme also ganz ordentlich durch. Wenn ich Schwindel habe, bin ich froh, wenn jemand bei mir ist. Die Mädchen, die hier arbeiten, merken, ob ich ‹gwackle› oder nicht. Wenn es mir gut geht, gehe ich in den Esssaal. Aber sie müssen mich bringen und holen. Alleine würde ich den Heimweg nicht finden. Die Strümpfe kann ich mir auch nicht mehr anziehen. Wenn ich mich bücke, falle ich um. Ich habe irgendwie keinen Halt mehr.

Rausgehen kann ich auch nicht mehr. Früher hat mich manchmal ein Grossneffe in den Rollstuhl gesetzt und draussen eine Runde mit mir gemacht. So konnte ich die frische Luft geniessen. Das hat mir immer gutgetan. Ja, ich habe es wirklich schön gehabt. Ich konnte immer wieder an die frische Luft.

Ich bin sehr froh, wenn jemand zu mir kommt. Es gibt Zeiten, wo ich viel alleine bin. Dann bin ich einsam. Wenn jemand kommt und ich reden kann, kann ich nachher auch wieder besser denken. Aber ich mag nicht mehr viel. Wenn wir hier im Haus ein Konzert haben, gehe ich nicht hin. Ich ertrage es nicht mehr. Aber ich mache das Fenster auf. Dann höre ich ganz schwach die Musik. Das ist gut.

Der Tod beschäftigt mich schon. Ich habe ja keine Geschwister mehr. Da frage ich mich, wer dann hilft, wenn es so weit ist. Ich habe das der Heimleitung gesagt, und sie hat gemeint: ‹Ja sind wir denn niemand? Das machen doch wir, Frau Schaufelberger!› Also mache ich mir keine Sorgen mehr. Sie werden mich beerdigen, sie werden schauen. Angst vor dem Sterben habe ich nicht – nein. Ich lese viel in der Bibel und bete am Abend und am Morgen. Manchmal auch über den Tag, wenn ich es gerade ein bisschen schwer habe. Ich bin so verbunden mit Gott und Jesus. Das hilft mir sehr. Ich denke, wenn es dann so weit ist, nimmt mich Gott zu sich nach Hause.

Manchmal kommen auch ein paar Frauen vorbei, um zu beten. Dann hoffe ich, dass ich doch jemanden habe, der an mich denkt. Wenn ich dann tot bin, meine ich.

Zum Glück kann ich gut alleine sein. Und ich kann noch lesen. ‹Heftli›, aber nur die Überschriften. Oder die Bibel, aber nicht lange. Auf einem Auge sehe ich nichts mehr, aber mit dem anderen komme ich ganz gut zurecht. Vergesslich bin ich auch. Manchmal weiss ich nicht, wo ich bin und welchen Tag wir haben. Aber die Mädchen hier helfen mir.

Als Kind habe ich an Weihnachten immer eine Tafel Schokolade bekommen. Wir hatten kaum Geld, und die Mutter hat das ganze Jahr dafür gespart. Trotzdem hat sie auch an andere gedacht. In unserer Gemeinde gab es drei Geschwister, die bei den Bauern verdingt waren. Die Mutter hat sie an Weihnachten immer zum Nachtessen eingeladen, das war ein Geschenk für sie.

Unser Wasser haben wir mit dem ‹Milchkesseli› am Brunnen geholt. Die ersten Jahre bei den Nachbarn. Die Quelle bei uns war versiegt. Bis die Mutter von der Arbeit nach Hause gekommen ist, haben wir den grossen Kessel in der Küche aufgefüllt gehabt. Immer, wenn ich gesehen habe, dass die Nachbarn am Backen sind, bin ich schnell rüber zum Wasserholen – dann habe ich ein Stück ‹Wähe› bekommen. Ich muss also ganz schön schlau gewesen sein. Irgendwann haben wir dann einen eigenen Brunnen bekommen.

Später habe ich eine Lehre als Verkäuferin beim Reformhaus Müller in Zürich gemacht. Als ich von Reitnau in die Stadt gezogen bin, hatte ich zuerst vor vielem eine Heidenangst. Wenn mich ein Bursche angesprochen hat, bin ich weggerannt. Es ging gewiss ein halbes Jahr, bis ich mich an die vielen Leute gewöhnt hatte. Meinen Mann habe ich während der Lehre kennengelernt. Er war Lagerist, er hat das Lager geführt. Wir haben im Jahr 1939 geheiratet, kurz vor dem Krieg. Nach der Hochzeit war ich eine Weile zu Hause. Aber dann ist mir langweilig geworden, weil keine Kinder gekommen sind. Mein Mann hat das verstanden. Also habe ich wieder angefangen zu arbeiten. Ich bin auch oft bei Verwandten gewesen und habe ihre Kinder gehütet. Es hat geheissen: ‹Ihr müsst nur Tante Alice anrufen. Sie kommt schon.› Ja, so war es. So bin ich alt geworden.

Mein Mann ist schon lange tot, seit fünfundvierzig Jahren. Weil ich schauen musste, wie ich durchkomme, konnte ich nicht wehleidig sein. Ich bin in unserer Wohnung in Seebach geblieben. Auch, weil es mir war, als sei er dort in meiner Nähe. Irgendwann ist jemand von der Gemeinde gekommen und hat mir gesagt, dass ich nicht mehr alleine wohnen solle, ich sei doch so alt. Da haben sie mich hierhin getan. Hier muss ich mich um nichts sorgen, das ist mir recht.

In meinem Alter hat man nicht mehr viele Verwandte. Ich bin ziemlich alleine. So ist das eben, wenn man keine Kinder hat. Irgendwann kommt niemand mehr. Aber ich kann das ganz gut tragen. Es ist einfach so, ich muss es annehmen. Ich darf nicht zu viel studieren und zurückdenken, dann komme ich schon irgendwie durch.

Ich habe so viel vergessen, ich bin wirklich ‹schüüli› alt. Aber die Leute hier sind gut zu mir. Sie helfen mir beim Aufstehen und beim Insbettgehen. Sie haben mich gern. Das ist viel wert. Ich nehme also einen Tag nach dem anderen, bin jeden Morgen dankbar, dass ich aufstehen kann.

Manchmal denke ich, dass ich wegen dem Garten der Mutter und dem frischen Kopfsalat noch so gesund bin. Der war so gut! Daran denke ich noch heute.»

esten Einzel
A-Klasse
V. Intern. Schach
n Heuberg Poka

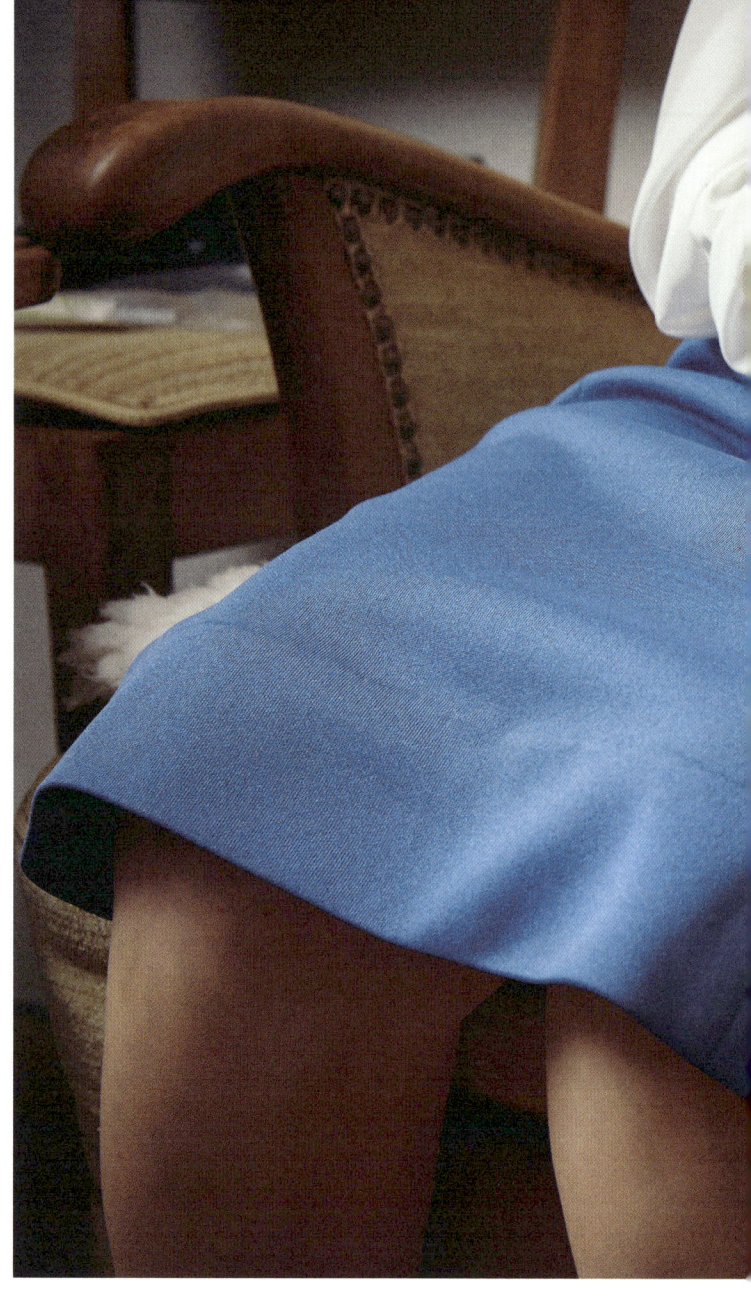

« Wer
mit
seinem
Leben
versöhnt
ist,
stirbt
leichter
»

Hesso Hösli

*1931

Hesso Hösli hat in seinem Leben schon viele Menschen beerdigt. Der ehemalige Pfarrer sitzt in einem schlicht eingerichteten Sprechzimmer – ein Holztisch, vier Stühle, ein Kreuz an der Wand. Er schaut auf den Zürichsee hinaus. Vor zwei Jahren ist der 88-Jährige hier in die Kapuzinergemeinschaft des Klosters Rapperswil (SG) eingetreten. Weil er genug davon hatte, immer alleine im Pfarrhaus zu essen.

«Ich habe mir immer Mühe gegeben, die Menschen schön zu beerdigen. Ich versuche den ganzen Menschen zu sehen. Nicht nur zu loben, sondern auch hin und wieder einen Scherz zu machen. Ich frage die Angehörigen zum Beispiel, was für ‹Mödeli› jemand hatte, damit die Ansprache persönlicher wird. ‹Wenn er manchmal ganz traurig war, hat er sich ein Pfeifchen angezündet.› Solche Sachen sage ich. Dann muss die Trauergemeinde lachen. Eine Beerdigung macht man ja nicht für den Toten, sondern für jene, die noch leben.

Dass ich Geistlicher werden möchte, habe ich schon als Bub gemerkt. Ich glaube, es war meine Berufung. Ausserdem war ich ein bisschen ehrgeizig – und ein Pfarrer hat etwas gegolten. Ich bin in einer grossen Familie aufgewachsen. Als ich in die Primarschule kam, war der älteste meiner fünf Brüder bereits bei den Kapuzinern. Ich hatte also ein Vorbild.

Meine Eltern haben in Netstal eine Schabziger-Fabrik betrieben und nebenher einen Käsehandel geführt. Fast das ganze Glarnerland hatte den Käse von uns. Es war ein Familienbetrieb, und wir Buben mussten viel helfen. ‹Ziger-Hösli› haben sie mich genannt – wir haben natürlich nach Ziger gerochen. Einmal kam ein Mitschüler zu mir und sagte: ‹Du, dein Velo steht noch unten beim Bären, ich habe es gerochen.› Ja, sogar das Velo hat gerochen.

Meine Eltern hatten immer viel zu tun, wie es eben so ist mit einer eigenen Firma. Weil meine Mutter nicht alle Hausarbeit selber machen konnte, hatten wir unter anderem eine Schneiderin. Mit ihr habe ich mich als Kind oft unterhalten. ‹Entweder werde ich Bundesrat oder Papst›, habe ich zu ihr gesagt. Das hat sie mir später einmal erzählt.

Bevor ich hierher ins Kloster gekommen bin, war ich so ausgefüllt, dass ich keine Zeit hatte, ans Sterben zu denken. Auf jeden Fall nicht an mein eigenes. Bis zum Pensionsalter habe ich als Mathe- und Physiklehrer gearbeitet und war Präses der Jungwacht Schweiz. Danach war ich einundzwanzig Jahre lang Pfarrer in Walzenhausen im Appenzell und habe nebenher zwei Kapuzinerinnen-Klöster betreut. Ein Curriculum Vitae habe ich deshalb erst hier in Rapperswil geschrieben. Damit der Guardian an der Beerdigung etwas hat, an das er sich halten kann. Ob ich verbrannt werde oder erdbestattet, ist mir vollkommen wurst. Aber wahrscheinlich werde ich verbrannt. Wir haben hier eine Gruft, und darin hat es eben nicht mehr viel Platz. Ausserdem haben wir alle immer viel zu tun: Der eine muss da die Messe halten, der andere dort. Da ist es praktisch, wenn man den Tag für die Abdankung frei wählen kann. Mit einer Urne ist das natürlich besser möglich als mit einem Leichnam. Also habe ich geschrieben: ‹Beides möglich, nach Wunsch des Oberen.›

Obwohl ich schon immer ins Kloster wollte, war das Bedürfnis nicht immer gleich stark. Vor allem, als ich älter wurde und Mädchen kennengelernt habe. Als ich schliesslich ins Kloster gefahren bin, ist mir eine auf den Bahnhof gefolgt – um Adieu zu sagen. Aber ich hatte mich schon entschieden. Studiert habe ich unter anderem im Kloster Disentis bei den Benediktinern. Einer meiner Lehrer dort hat mir geraten, zu den Kapuzinern zu gehen. Er hat mich gekannt und gemerkt, dass ich für die Benediktiner zu wenig feierlich war. Er hatte recht, der Weihrauch und das ganze Zeugs war mir zu steif. Das war nicht so meine Stimmung. Aber auch bei den Kapuzinern war es streng. Damals galt noch der alte Stil, und ich war etwas lärmig – bin wie ein Wilder die Treppe raufgestürmt und so. Ich staune noch heute, dass ich das Noviziat überstanden habe.

Wirklich dabei, als jemand starb, war ich nicht oft. Manchmal wurde ich noch gerufen, das schon. Aber meistens habe ich nicht einmal sicher gewusst, ob der Mensch nun noch lebte oder nicht. Erst kürzlich wurde ich zu einer Frau geholt. Sie hat böse geschaut, als ich gekommen bin, irgendwie bitter. Aber dann habe ich ihr gesagt, dass jetzt alles gut sei und sie vor nichts Angst zu haben brauche. ‹Du bist nicht alleine, Jesus begleitet dich›, habe ich gesagt. Da hat sie plötzlich gelächelt. Den Sterbenden tut es gut, wenn man das mit einer normalen Sicherheit sagt.

Mir ist es auch recht, wenn jemand dabei ist, wenn ich dann gehen muss – also: Falls er vernünftig tut. Er sollte mich ernsthaft im Glauben unterstützen können und mir Mut machen. Als Geistlicher muss man sich manchmal schon fragen: Wie echt sind diese Sprüche denn, die du da machst? Wenn ich sterbe, muss jemand bei mir sein, den ich als echt empfinde. Es ist wichtig, dass es von Herzen kommt. Sonst würde ich noch beim Sterben denken: ‹Ja, hör doch auf mit deinen Sprüchen!›

Während dem Sterbevorgang kommt oft heraus, was echt ist und was nicht. Es gibt Menschen, die noch beim Sterben dunkle Gedanken anderen gegenüber haben. Ihnen rate ich: ‹Bete für jene, die dich plagen, dann bist du freier.› Derjenige, der für den anderen etwas tut, ist überlegen. Wer mit seinem Leben versöhnt ist, stirbt leichter. Es gibt auch Tote, die richtig glücklich aussehen. Bei denen denke ich manchmal, dass man auf dem letzten Zacken, auf dem Weg zwischen fast tot und tot, vielleicht noch einen Lichtblick hat.

Ans Fegefeuer hingegen glaube ich nicht, damit habe ich Mühe. Wie bitte soll jemand fünfhundert Tage im Fegefeuer büssen, wenn es im Jenseits gar keine Zeit und kein Feuer mehr gibt? Das sind doch Begriffe aus der physikalischen Welt.

Bei allen theologischen Reden und Dogmen sollten wir uns daran erinnern, dass wir die himmlischen Dinge nur im irdischen Spiegel betrachten können. Und der ist ziemlich trübe. Diese Einsicht hätte uns schon vor manchem Grübeln bewahren können. Ja, vielleicht sogar vor Religionskriegen.

Seit ich 80 bin, habe ich ein E-Bike. Ich habe immer viel Sport getrieben, habe Fussball gespielt und Bergtouren gemacht, bin Ski gefahren und geschwommen. Nun fahre ich mit dem E-Bike in die Gemeinden, wenn ich am Sonntag die Messe halte. Das ist schön.

Weil ich einundzwanzig Jahre lang Pfarrer war, habe ich jede Menge Predigten auf Lager. Für jeden Sonntag eine, schön geordnet in verschiedenen Mäppchen. Wenn ich sterbe, lasse ich sie alle zurück. Angst vor dem Tod habe ich je länger je weniger. Ich habe das Gefühl, dass ich in meinem Leben immer genau dort war, wo der liebe Gott mich haben wollte. Wenn ich dann gehen soll, ist es auch recht.

Trotz der Überzeugung, am richtigen Ort zu sein, musste ich mich im Leben ein paar Mal durchbeissen. Zum Beispiel, als ich nach dem Theologie-Studium noch Naturwissenschaften studieren musste, weil unsere Ordensprovinz in diesem Bereich Lehrer brauchte. Dabei wäre ich viel lieber Germanist oder Künstler geworden. Auch hier in Rapperswil bin ich gefordert. Wir sind eine kleine Gemeinschaft, sieben insgesamt. Der Nächste ist zehn Jahre jünger als ich und der Jüngste ist erst 54. Das ist eine andere Generation, auch theologisch. Trotzdem habe ich das Gottvertrauen, hier richtig zu sein. Als ich vor zwei Jahren hier ankam, habe ich gesagt: Jetzt muss ich nicht mehr umziehen. Hier tragt ihr mich dann raus.»

«
Es
braucht
nicht
viel,
man
muss
nur
abdrücken
»

Charles Probst

*1930

Kreuz und quer stapeln sich die Dinge: Uhren, Schüsseln, Kästchen, Figürchen und am Boden drei Teppiche übereinander. Das meiste hat Charles Probst von seinen Fernfahrten aus dem Orient mitgebracht. Der 89-Jährige sitzt auf einem der Sofas in seiner Wohnung in Bern und erzählt, beeindruckend aufgeräumt, aus seinem Leben. Nachdem er jahrelang geschwiegen hat, kann er heute von seiner Kindheit als Verdingbub erzählen.

«Sie haben mich nie beim Namen genannt. Ich war immer nur ‹der Bub›. Wie schon mein Grossvater und meine Mutter war ich verdingt. Als meine Mutter 19 Jahre alt war, wurde sie schwanger – vom Bauern, bei dem sie arbeitete. Man hat sie weggeschickt. Neun Monate später wurde ich als uneheliches Kind im Berner Frauenspital geboren. Kurz nach der Geburt bekam ich eine Lungenentzündung. Als es mir wieder besser ging, wurde meiner Mutter die Obhut entzogen. Zuerst kam ich ins Säuglingsheim und später auf einen Bauernhof im bernischen Lyssach.

Der Bauer Bütikofer, der dort wirtschaftete, hatte vier Töchter. Er hat mich erzogen, als wäre ich sein eigener Sohn. Damals glaubte ich, die Bauersleute seien meine richtigen Eltern. Es war die glücklichste Zeit in meinem Leben: Am Sonntag hat der Bauer Bütikofer manchmal einen Kartoffelsack um die Lenkstange seines lottrigen Velos gewickelt und mich draufgesetzt. Er ist mit mir zu den Feldern gefahren und hat mir alles gezeigt und erklärt.

Dann ist alles herausgekommen. Die Schwestern und ich haben wegen irgendwas gestritten, und eine von ihnen hat mich geschlagen. Ich habe gesagt, ich würde das der Mutter melden. ‹Du hast aber keine Mutter›, hat sie geantwortet. So ist herausgekommen, dass ich nicht der richtige Sohn bin. Ich begann zu weinen und zu schreien und bin auf den Hof hinaus gelaufen. Dort bin ich mit dem Kopf in einen Baum gerannt. Ich bin umgefallen und habe noch lauter geschrien. Dann bin ich wieder ins Haus, ich wollte mich kaputt machen. Hinter der Eingangstür war das Langgewehr deponiert. Ich habe es mir in den Mund geschoben.

Aber ich war zu klein, um so abdrücken zu können. Also musste ich den Lauf wieder aus dem Mund nehmen. Der Schuss streifte nur meinen Finger. Ich war vom Knall wie gelähmt. Die Pflegemutter kam, sie wusste, was los war. Sie nahm mir das Gewehr aus der Hand und stellte es an seinen Platz zurück.

Ich weiss bis heute, dass es nicht viel braucht, um zu sterben. Man muss nur abdrücken. Zurzeit denke ich viel an den Tod. Der Freitod ist schon auch eine Variante für mich. In der letzten Zeit habe ich Probleme mit den Beinen, die Blutzirkulation funktioniert nicht richtig. Einem Bekannten von mir ist es ähnlich gegangen, und am Schluss hätte man sein Bein amputieren müssen. Da hat er sich umgebracht. Bevor sie mir das Bein amputieren, mache ich das auch. Am liebsten aber würde ich einfach irgendwann einschlafen und nicht mehr aufwachen. Nicht unbedingt im Bett, nein, das könnte irgendwo sein. Deshalb habe ich immer meinen Grabstein um den Hals, die Erkennungsmarke vom Militär. So muss niemand rätseln, was das für einer ist, wenn er mich findet.

Im Alter von acht Jahren bin ich dann vom Bauer Bütikofer fortgekommen. Nach der obligatorischen Pockenimpfung musste ich wegen einem starken Ausschlag ins Spital gebracht werden. Der Bauer Bütikofer wollte während meiner Abwesenheit trotzdem jemanden haben, der mitarbeiten konnte – ich war ja sein Knecht. Der Vormund hat also einen anderen dort platziert. Als ich aus dem Spital entlassen wurde, konnte ich nicht mehr zurück. Zwar wollte mich der Bauer Bütikofer wiederhaben. Er hat mir selbst gesagt, dass ich besser gewesen sei als der

Neue. Aber man liess mich nicht zurück. Danach ist bei mir alles auf die schiefe Bahn geraten. Ja, da bin ich dem Teufel vom Karren gefallen.

Ich habe absolut keine Angst vor dem Tod. Tot ist tot, da mache ich kein grosses Zeugs drum. Danach kommt nichts mehr. Dann ist fertig. Aus. Das ganze Glaubenszeug sind menschliche Erfindungen, eben Fantasie.

Ich rede mit niemandem über den Tod, höchstens im Versteckten. Meiner Tochter zum Beispiel habe ich gesagt, dass ich nun Verschiedenes regeln werde. Damit habe ich den Nachlass gemeint. Dieses Jahr werde ich mich komplett auf den Tod vorbereiten. Ich möchte nicht, dass meine Kinder hier aufräumen müssen. Ich werde ein Testament aufsetzen und auch alles andere organisieren. Sogar die Kuverts für die Todesanzeigen möchte ich anschreiben, falls es noch reicht.

Nach dem Zwischenfall mit dem Impfschaden war ich an verschiedenen Orten. Zuerst auf anderen Bauernhöfen und später in einer Arbeitsanstalt für schwererziehbare Knaben, wegen schlechten Betragens und Bettnässens. Als ich 20 Jahre alt war, wurde dann entschieden, ob ich weiter bevormundet werden sollte oder nicht. Freiwillig liessen sie einen nicht gehen: Von meinem Lohn ging ja immer nur ein Teil auf mein Kassenbüchlein – den anderen bekam der Vormund. Ich habe den Behörden geschrieben und bin schliesslich freigekommen. Mein Kassenbüchlein aber habe ich nie erhalten.

Der Tod ist ein natürlicher Vorgang, er hat mich nie besonders beschäftigt. Zum ersten Mal an einer Beerdigung war ich, als zwei Klassenkameraden tödlich verunfallt sind. Das hat mich aber nicht berührt. Als Nächstes starb ein Junge, mit dem ich in der Anstalt Kopf an Kopf geschlafen habe. Er war wohl zuckerkrank. Aber auch das hat mich nicht berührt.

Der einzige Todesfall, der mir ans Herz ging, war jener des Bauern Bütikofer. Ich war in der Lehre, als er starb. Der Vormund hat gewusst, dass ich an ihm hing. Trotzdem hat er mich erst informiert, als die Beerdigung bereits vorbei war. Da habe ich mich zwei Tage lang quer gestellt. So lang hat es gedauert, bis die Nachricht in mir drin war.

Später habe ich geheiratet und zwei Kinder bekommen. Mit 31 Jahren habe ich dann meine eigene Transportfirma gegründet. Sie ist gewachsen, ich hatte Angestellte und jeweils sechs bis acht Lieferwagen im Einsatz. Im ganzen Orient bin ich herumgefahren – Iran, Saudi-Arabien, Irak, Jordanien. Da konnte ich schon ziemlich aufrecht durch die Welt gehen. Manchmal habe ich gedacht: Du bist schon ein frecher ‹Cheib›, warst Verdingbub und jetzt fährst du da in der ganzen Welt herum! Ich hatte ein verpfuschtes Leben, das schon. Aber ich habe gelebt, ich habe gekämpft und mich durchgebracht.

Auf den langen Fahrten hatte ich genügend Zeit zum Nachdenken: Was genau ist meine Geschichte? Was steht in den Akten des Vormunds? Und vor allem: Was steht nicht drin? Wer bin ich? Nachdem ich die Akten endlich einsehen durfte, ist vieles ins Rollen gekommen. Wir Verdingkinder haben uns in einem Netzwerk zusammengeschlossen und es gibt eine gute Ausstellung zum Thema, für die ich mich sehr eingesetzt habe. Wir sind ja mehr als zehntausend, die noch leben. Erst wenige von uns haben eine Wiedergutmachung vom Staat erhalten. Ich war einer der Ersten, die das Geld bekommen haben. Nicht viel, ein paar tausend Franken. Wir nennen es Schweigegeld. Als das Thema Verdingkinder bekannter wurde, hat meine Tochter einmal zu mir gesagt: ‹Du hast nie davon erzählt.› Das stimmt. Ich hatte Angst davor, diskriminiert zu werden. Ich hatte Angst vor der ‹Vernichtigung› als Mensch.

Heute bin ich in einer Beziehung mit einer Frau in Griechenland. Ich bin ja schon seit Langem geschieden. Mit ihr habe ich darüber gesprochen, was wäre, wenn ich in Griechenland sterben würde. Wir sind darauf gekommen, dass Kremieren am einfachsten ist. Eine Urne kann man leicht in die Schweiz schicken. Bei einem Leichnam ist das schon schwieriger: Zuerst kommt der Körper in einen Zinksarg, der verschweisst werden muss. Der wiederum kommt dann in einen Holzsarg. Das würde ein paar Tausender kosten. Was das Sterben angeht, bin ich informiert. Geld spielt auch hier eine Rolle.

Trotz allem, was in meinem Leben passiert ist, möchte ich in der Schweiz beerdigt werden. Ich bin schon ein bisschen ein Patriot. Als ich in der Welt ‹rumgeeselt› bin, habe ich festgestellt: Nach dem Tod kommt zwar nichts mehr, aber hier in der Schweiz leben wir im Paradies.»

« In Gottes Namen, es gehört einfach dazu »

Margrith Bigler-Eggenberger

*1933

Sie studierte Rechtswissenschaften,
wurde Anwältin, Dozentin, Richterin –
und das alles, bevor sie überhaupt
das Stimmrecht besass. Als sich das
1971 änderte, wurde Margrith Bigler-
Eggenberger schon bald zur ersten
Bundesrichterin der Schweiz gewählt.
Heute lebt die 86-Jährige in einer
Alterswohnung am Stadtrand von
St. Gallen. Sie hat noch immer eher
zu wenig Zeit als zu viel. Unter anderem, weil es viel zu lesen gibt, wenn
man sich für den Zustand der Welt
interessiert.

«Nächste Woche wird meine Wohnung in Lausanne aufgelöst. Sie liegt gleich oberhalb des Bundesgerichts. Man hat einen wunderbaren Blick über den See. Irrsinnig schön. Aber sie wird langsam zur Belastung: Der Weg nach Lausanne ist weit, die Wohnung ist im fünften Stock, es hat keinen Lift – leider.

Was meinen Berufsweg angeht, habe ich nie etwas geplant. Das war damals als Frau gar nicht möglich. Alle Positionen, für die man das Stimmrecht brauchte, waren blockiert. Frauen haben einfach nichts gezählt. Später dann, als mich die SP für die Wahl zur Bundesrichterin aufstellte, wurde eine regelrechte Kampagne gegen mich geführt. Wer als Frau in eine Domäne der Männer eintreten wollte, wurde von der Presse beschimpft. Noch als Bundesrichterin hatte ich Kollegen, die sich während Jahren weigerten, mit mir zu sprechen. Das war nicht einfach.

Geholfen hat mir mein Trotzkopf. Irgendwie hat es mich immer einfach unglaublich ‹hässig› gemacht, dass wir Frauen zurückstehen müssen. Und das, obwohl ich wahnsinnig gerne gearbeitet habe. Für mich ist Richterin einer der schönsten Berufe überhaupt.

Wenn man älter wird, merkt man stärker, dass das Leben endlich ist. Es ist gar nicht so einfach, das zu akzeptieren – loslassen ist irrsinnig schwierig. Sich vorzustellen, dass man nicht mehr da ist, ist ein recht happiger Gedanke, wenn man sich so richtig damit befasst. Aber es hat keinen Sinn, sich endlos Gedanken zu machen. Der Tod ist eben eine Tatsache.

Meine Mutter ist relativ früh an Krebs erkrankt. Sie ist zwei Tage vor meinem Anwaltsexamen gestorben, nach einem schrecklichen Jahr. Obwohl sie fünf Kinder hatte, war sie in der Zeit vor ihrem Tod oft alleine. Sie ist dann auch alleine gestorben, also ohne jemanden von der Familie; eine Betreuerin war bei ihr. Sicher hat meine Mutter darunter gelitten, dass sie mit niemandem über den nahenden Tod sprechen konnte. Heute kann man das eher. Ich habe eine 104-jährige Freundin, mit ihr kann ich gut über das Sterben reden. Sie ist eine rationale, eine vernünftige Frau. In Gottes Namen, es gehört einfach dazu.

Man verherrlicht im Rückblick ja vieles, aber ich hatte wirklich eine schöne und freie Kindheit. Ich bin in Niederutzwil geboren, als Zweitälteste von fünf Kindern. Meine Grossmutter lebte ebenfalls bei uns im Haus und war immer da, wenn meine Eltern einmal fort waren. Wir hatten viel Grün um uns herum. Eine Tante und ein Onkel wohnten im Nachbardorf und wir Kinder haben sie besucht; spazierenderweise, mit unseren ‹Bäbi-Wägeli›. Wenn wir wieder einmal eine schlimme Geschichte von Mord und Totschlag gehört hatten, gingen wir mit klopfendem Herzen los – aber losgezogen sind wir trotzdem.

Meine Kindheit ging in die Kriegszeit hinein. Weil wir nahe an der Grenze wohnten, sind die politischen Flüchtlinge zuerst bei uns gelandet. Wir auf dem Land konnten die Flüchtlinge ohne grosse Hindernisse vorläufig aufnehmen und ihnen einen Ort geben, wo sie sein konnten und ihre Geschichten erzählen durften. Aber man musste aufpassen, dass die Öffentlichkeit nichts mitbekam. Für uns Kinder war es eine belebte Zeit: Es war immer jemand bei uns, mit dem die Eltern diskutierten. Es war sehr spannend zu hören, was die Menschen alles erlebt hatten und wie sie es sich vorstellen konnten, weiterzuleben. Dass man plötzlich nicht mehr sicher ist in seinem eigenen Zuhause und sogar in ein anderes Land gehen muss, dünkte mich entsetzlich. Das hat mich geprägt.

Wenn man Menschen verliert, die man lieb hat, ist das für jeden unglaublich schwer. Man muss die Ratio andrehen, damit man nicht zu stark in der Trauer versinkt. Aber manche Todesfälle kann man auch gar nicht verarbeiten. Bei meiner Mutter zum Beispiel ist es schwierig. Auch weil ich Schuldgefühle habe, weil sie so viel alleine war, als es ihr schlecht ging. Eigentlich kommt das schlechte Gewissen bei fast all meinen Toten. Ich frage mich, ob ich noch besser zu ihnen hätte schauen können, noch besser spüren.

Als mein Mann starb, vor zwölf Jahren, war das ganz schwer für mich. Die Ärzte haben gesagt, dass er an den Spätfolgen seiner Zeit im KZ gestorben sei. Die Mangelernährung, die ständige Gewaltsituation – sein Organismus war kaputt. Irgendwann konnte er nicht mehr essen, er brachte einfach nichts mehr hinunter. Künstliche Ernährung, haben sie gesagt, sei nicht mehr sinnvoll. Es war eine lange Sterbephase.

Ich habe wirklich gut zu ihm geschaut. Aber nach seinem Tod kam der Gedanke, dass ich mich vielleicht noch besser um ihn hätte kümmern können.

Ich bin sehr zufrieden mit meinem Leben. Im Grunde konnte ich all das machen, was ich machen wollte. Da unser Vater als armer Bergbauernbub selbst nicht studieren konnte, freute er sich, als ich mich entschied, die Kantonsschule zu besuchen. Nach der Kanti bin ich dann nach Genf und später nach

Zürich an die Uni. Es war die richtige Entscheidung, das Studium hat mich immer von A bis Z erfüllt. Ich war so begeistert: Das war eine der schönsten Zeiten in meinem Leben.

Meinen Mann habe ich kennengelernt, als ich für meine Dissertation Akten im Bundesarchiv in Bern eingesehen habe. Ich hatte ein Zimmer bei einer alleinstehenden Lehrerin gemietet, und sie hat mich am Abend zum Fondue eingeladen. So habe ich ihren Adoptivsohn kennengelernt. Eine Woche später bin ich wieder zurück nach St. Gallen, und da hat er mir geschrieben. So hat es sich ergeben.

Er war ein jüdischer Flüchtling aus Mannheim und war als Kind mit seiner Familie ins Konzentrationslager Gurs in den Pyrenäen deportiert worden. Seine Mutter, die ebenfalls inhaftiert war, hat alles versucht, um ihn mit Hilfe des Schweizerischen Kinderhilfswerks aus dem KZ hinaus zu bekommen. Sie hat es schliesslich geschafft. Seine Eltern sind dort umgekommen.

Wir haben 1959 geheiratet. Mein Mann und ich haben keine Kinder bekommen. Das bereue ich schon ein wenig, aber es hat einfach keine gegeben. Wir haben uns dann anders eingerichtet, wir hatten trotzdem ein schönes Leben. Manchmal rede ich auch heute noch mit ihm, eine gewisse Intensität der Beziehung ist noch da. Es tut sehr gut, mit ihm zu diskutieren. Wenn ich in der Nacht draussen auf dem Balkon stehe und den Mond sehe oder Sterne, denke ich mir, dass er da oben sitzt.

Ich stelle mir schon vor, dass man sich dann einmal wieder findet. Es wäre schön, wenn man nach dem Tod wieder mit seiner Familie vereint würde.

Wenn ich am Morgen aufstehe, liegt schon die Zeitung vor meiner Türe. Von meiner lieben Nachbarin gebracht. Der Zustand der Welt macht mir echt Angst. Irgendwie liegt eine drohende Kriegsgefahr in der Luft. Die Waffenproduktionen nehmen überall zu und gleichzeitig kriegen die Politiker wie eh und je keine echte Friedensbewegung hin. Es gibt in den Medien ja immer diese Bilder von Staatsoberhäuptern. Und es sind noch immer vor allem Männer. Das macht mich so wütend. Wir werden von Männern beherrscht – und wenn es ihnen aussetzt oder sie den Held spielen wollen, dann gnade uns Gott.

Für die Zukunft habe ich keine Pläne mehr. Ausser Ferien zu machen, ich bin noch sehr unternehmungslustig. Aber zunächst kommt nun die Wohnungsauflösung. Das ist mit viel Abschiedsschmerz verbunden. Ich hatte eine sehr gute Zeit in Lausanne. Trotz allem.»

«
Der
Tod
ist
auch
eine
Erlösung
»

Peter Horsch

*1921

Die Vogelfutter-Station vor dem Fenster ist gut besucht. Hier in Oberegg (AI) liegt noch Schnee in den Gärten.
Peter und Rosmarie Horsch sitzen beide in ihren Sesseln im säuberlich aufgeräumten Wohnzimmer. Während der 97-Jährige erzählt, hört seine Frau (94) ihm zu – seit einem Hirnschlag kann sie nicht mehr sprechen. Hin und wieder gibt sie einen Laut von sich, fängt an zu weinen oder zu lachen. Dann tätschelt er ihr den Arm oder drückt ihre Hand.

«Heute habe ich etwas Einfaches gemacht: Spaghetti mit einer guten Tomatensauce und Salat. *Und dann muss genug Käse an die Spaghetti, gell!* Ich koche verschiedene Sachen, auch dieses Gericht mit dem Reis und den Erbsen. Früher habe ich beim Kochen höchstens geholfen. Ganz früher nicht einmal das, da hatten wir eine Köchin. *Als wir das Geschäft aufgegeben haben, hast du dann gekocht, gell.* Und jetzt koche ich.

Im Jahr 2012 bist du gestürzt und hast dir den Oberschenkelhals gebrochen. Wenig später hast du dann einen Hirnschlag bekommen, gell. Die Ärzte haben mir gesagt, dass es schlimm sei. Da war nichts mehr: Du konntest nicht mehr schlucken – künstliche Ernährung und alles. Da habe ich gedacht, es wäre gut, wenn du sterben könntest. Aber dann hast du dich recht schnell erholt und wir haben gemerkt, dass da nichts ist mit sterben. Jetzt haben wir es schon ein paar Jahre schön zusammen – seither.

Am Morgen stehe ich auf, helfe Rosmarie aufs WC und mache Frühstück. Dann kommt die Spitex und wäscht und pflegt sie. *Das hast du gerne, gell.* Es sind Liebe. Dreimal in der Woche koche ich zu Mittag. Wir bekommen das Essen von Pro Senectute geliefert, in einer Schachtel. Und einmal in der Woche dürfen wir bei der Schwiegertochter essen. *Das ist auch schön, gell.* Ausserdem muss ich waschen und aufräumen und so. Ich bin schon sehr angebunden. Am Dienstagnachmittag kommt eine Frau, die auf Rosmarie aufpasst. Dann habe ich frei. Bis im letzten Sommer bin ich dann spazieren gegangen oder mit dem Velo weggefahren; ich habe ein Elektrovelo. Aber seit der Winter gekommen ist, mache ich das nicht mehr.

Der Tod beschäftigt uns eigentlich nicht stark, gell. Vor dem Sterben haben wir keine Angst. Was nachher kommt, weiss niemand, nicht einmal der Papst. Es gibt viele, die Angst haben vor dem Tod und davor, was danach kommt. Aber wenn man ein gutes Gewissen hat, muss man das eigentlich nicht. Mein Leben war gut – im Grossen und Ganzen. Es ist schön zu sehen, wie alles weitergeht: Die Kinder haben auch wieder geheiratet und Kinder bekommen und diese Kinder haben nun auch wieder Kinder.

Ich selber bin in Oberegg geboren, im Jahr 1921. Damals haben die Frauen noch daheim geboren. Meine Eltern hatten eine Drogerie und einen Getränkehandel, mein Vater war Drogist. Bevor ich auf die Welt kam, sind zwei oder drei Kinder gestorben. Dann kamen meine drei Geschwister und ich. Die Abstände zwischen uns sind recht gross, vier Jahre und so. *Gell, Rosmarie, bei uns ist das mit den Kindern dann schneller gegangen!*

Die schönste Zeit in meinem Leben hat begonnen, als ich Rosmarie geheiratet habe. Wir haben uns an einem Waldfest kennengelernt. Mit Tanz und Bar und so. Meine Familie hat dort Spirituosen geliefert, in Korbflaschen, wie es damals üblich war. Und ich habe beim Fest vorbeigeschaut und ein bisschen getanzt. *Dann bist du gekommen, gell, und sie haben mich dir vorgestellt: ‹Das ist der Herr Horsch›, haben sie gesagt. Ich habe dich dann nach Hause gebracht. Gell!* Dann wurde es aber auch schon schwierig. Eine Woche später ist meine Frau nämlich nach England, um Englisch zu lernen. Danach ist sie noch zu ihrem Bruder nach Genf, weil sie ihm versprochen hatte, bei der Übernahme eines Geschäfts zu helfen. Vier Monate war sie insgesamt weg. Wir haben uns geschrieben und ich habe immer gedacht: Diese Frau möchte ich behalten!

Später haben wir dann die Drogerie und den Getränkehandel übernommen und dazu noch einen Lebensmittelladen eröffnet. Wir haben sogar ein eigenes Citro gemacht, es hiess Oberegger-Citro. Ja, wir haben viel gearbeitet. Aber wir konnten auch viel reisen und wandern. *Gell, du!* Jedes Jahr haben wir vierzehn Tage Ferien gemacht. Zum Beispiel Wanderferien im Jura. Wir waren mit Freunden unterwegs, haben in Gasthäusern übernachtet. Das war sehr schön, das hat uns gefallen.

Ich habe das Gefühl, dass ich irgendwann hinfalle und dann sterbe. Oder aber ich werde krank und muss doch noch ein bisschen liegen. Dann möchte ich nicht, dass mein Leben künstlich verlängert wird, das habe ich auch so festgehalten. Am allerliebsten aber würde ich eines Tages einfach nicht mehr aufwachen. Aber wenn ich sterbe, ist das für meine Frau nicht gut: Sie braucht mich, sie ist sehr an mich gebunden. *Dann würdest du wohl auch bald sterben, gell! Mir wäre es recht, wenn du vor mir sterben könntest. Ja. Wenn ich sterbe, bist du ganz alleine. Dann bist du verloren.* Obwohl: Jetzt habe ich dann vierzehn Tage Ferien, und meine Frau geht für diese Zeit ins ‹Torfnest›, das ist ein Pflegeheim. Halb Oberegg ist schon dort, all ihre Turn-Freundinnen zum Beispiel. Ich mache dann eine Reise mit dem Car, nach Deutschland, bis Hamburg, Lüneburger Heide.

Meine Frau hat es leider nicht mehr so schön. In der Wohnung kann sie mit dem Rollator ein bisschen laufen, nicht so gut, aber es geht. Aber nach draussen kann sie nicht mehr. Doch! Einmal hat die Frau, die am Dienstag kommt, meine Frau in einen Rollstuhl gesetzt, und dann sind wir spazieren gegangen. *Das war schön, gell!*

Ich bereite mich nicht gross auf den Tod vor. Also die Kinder wissen schon, was wo ist und was es dann zu tun gibt. Das Erbe ist geregelt und ich möchte kremiert werden. Bei uns auf dem Friedhof wurden Gräber aufgelöst und dabei sind gut erhaltene Leichenteile zum Vorschein gekommen. Jetzt haben sie zwar alles erhöht und einen guten Abfluss gemacht – trotzdem, kremieren ist sicherer. Den Rest überlassen wir den Jungen. Wir haben ein sehr gutes Verhältnis mit den Kindern. Wir haben vier. Also eigentlich fünf, aber eines ist bald gestorben. Es war eine Zangengeburt. Ich habe das Gefühl, dass da etwas kaputtgegangen ist. Als unser Remy mit vier Wochen gestorben ist, sind wir mit dem Tod in Berührung gekommen. Das war schwer. Für meine Frau war es sehr schwer. *Fünf Kinder hast du geboren! Vier leben noch – und zwar gerne, gell!*

Es sind schon viele Menschen gestorben, die wir gekannt haben. Es geht jedem gleich, noch keiner hat überlebt. Der Tod ist doch auch eine Erlösung. Ich habe immer gedacht: Wenn ich einmal 70 bin, dann bin ich alt. Aber dann bin ich 70 geworden, 80 geworden, 90 geworden. Also 100 muss ich nicht unbedingt auch noch werden. Besonders jetzt, wo ich nicht mehr viel machen kann, ausser nach Rosmarie zu schauen. Wir fänden es wirklich nicht so schlimm, wenn wir sterben würden. Also:

Wenn du sterben würdest, wäre ich schon sehr traurig! Und wenn ich sterben würde, wärst du traurig. Gell!

† Rosmarie Horsch-Hautle ist im Spätsommer 2019 verstorben.

« Man
muss
ja
nicht
überall
gleichzeitig
sein
»

Cecy Renate de Carvalho
*1934

Die Sonne scheint ins Wohnzimmer im sechsten Stock des Backsteinblocks. Drei grosse abstrakte Bilder leuchten in kräftigen Farben. Darunter sitzt Cecy Renate de Carvalho (86). Wie alle anderen Designermöbel aus Palisander stammt auch das Sofa noch aus ihrem Leben in Brasilien. Wer heute darauf sitzt, blickt durch die grosse Fensterfront über die Dächer von Arlesheim (BL) bis hin zum Goetheanum. Dahinter liegt der Herbstwald.

«Die Jahreszeiten hier in der Schweiz sind komplett anders als jene in Brasilien. Das ist hochinteressant: In Brasilien ist es immer mehr oder weniger dasselbe, alles blüht und wächst grosszügig über das ganze Jahr hinweg. Hier ändert sich alles dauernd. Die Blumen blühen pünktlich, genau von da bis da. Die Zwetschgen sind exakt von da bis da reif, dann ist es damit auch schon wieder vorbei. Zack zack. So sind hier ja auch die Menschen. Also ich finde das ulkig – obwohl die Pünktlichkeit der Schweizer natürlich auch bewundernswert ist.

Ich bin im Jahr 2001 von São Paulo nach Arlesheim gekommen. Damals hat mein Mann Artur noch gelebt. Die Bilder hinter mir an der Wand sind von ihm. Er war ein hervorragender Innenarchitekt und Künstler. Aber ein guter Geschäftsmann war er nicht. Nachdem unsere drei Töchter nach und nach in die Schweiz gezogen waren, hat er zu mir gesagt: ‹Wenn die Kinder jetzt in Europa leben, dann gehen wir da eben auch hin.› Ich habe ihn gefragt, von was wir da bitte leben sollen; mit einer Rente aus Brasilien? ‹Ach, das wird schon gehen›, hat Artur geantwortet.

Mit der Rente allein wärs zwar nicht gegangen, aber wir hatten noch etwas Geld angelegt. Davon haben wir dann gelebt.

Vor sechs Jahren ist Artur gestorben. Nun geht das Geld langsam aus und es wird spannend: Was wird zuerst zu Ende sein – ich oder das Geld?

Artur war Portugiese, vierzehn Jahre älter als ich. Wir haben uns damals an der 400-Jahrfeier von São Paulo kennengelernt. Ich habe das Publikum durch die Ausstellung zur Feier geführt; auf Deutsch, Englisch und Portugiesisch. Artur war derjenige, der die Ausstellung konzipiert und eingerichtet hatte. Wir haben uns verliebt – wie das eben so ist. Meine Eltern waren entsetzt: ein Künstler, der lebt doch von der Hand in den Mund. Ausserdem hatte er eine Tochter und war verheiratet. Eine Katastrophe! Mein Vater hat dann zur Bedingung gemacht, dass wir uns ein Jahr lang nicht sehen sollen. Er wollte herausfinden, ob die Gefühle zwischen uns beständig sind. Ich habe einen dicken Ordner mit Korrespondenz aus dieser Zeit. Wer mit Liebesdingen Erfahrung hat, der weiss, dass eine Trennung alles nur noch enger macht.

Ich war nicht dabei, als Artur gestorben ist. Es war in der Nacht, in der Klinik. Seine sterblichen Reste sind hier in Arlesheim auf dem Friedhof begraben. Bis kurz vor seinem Tod hat er noch gemalt. Ab einem gewissen Zeitpunkt hatte er den Eindruck, dass sein Vater bei ihm stehe und auf ihn warte, während er male. Das hat er mir mehrmals erzählt: Der Vater hat ihn abgeholt.

Im Gegensatz zu Artur, der fand, dass sein Körper verwesen solle, möchte ich eingeäschert werden. Auch möchte ich nicht auf dem Friedhof beerdigt werden. In dieser Hinsicht fühle ich mich schon ein bisschen fremd in der Schweiz. Zwischen all den ‹Schwiiizern›, die ich nicht richtig verstehe … nein, da gehöre ich nicht hin.

Was das Gefühl von Zugehörigkeit angeht, hatte ich immer etwas Pech: Meine Mutter stammte aus einer jüdischen Familie und ist in den späten 20er-Jahren nach Brasilien ausgewandert. Dort, im Deutschen Club in São Paulo, hat sie meinen Vater kennengelernt, und 1934 wurde ich dann geboren. Damals fing das mit Hitler an. So kam es, dass ich bei den Deutschen die Jüdin war, bei den Brasilianern die Ausländerin, bei den Katholiken die Protestantin – und bei den Protestanten wiederum war ich auch nicht ganz echt. Mein jüdischer Onkel lachte und sagte: Du sitzt zwischen zwei Stühlen, auf keinem sitzt du richtig.

Meine Asche soll dereinst in der Natur vergraben werden. Zuerst wollte ich verstreut werden, aber jemand hat mich darauf aufmerksam gemacht, was Rudolf Steiner dazu sagt: Man solle die Asche eines Menschen zusammenhalten, denn sie sei eine Kraftquelle für die Seele des Verstorbenen. Da Steiners Lehre, die Anthroposophie, für mich von grosser Bedeutung ist, habe ich meine Anweisung daraufhin geändert: nicht verstreuen, sondern beisammenhalten und vergraben. Ich habe das mit dem Priester der anthroposophischen Christengemeinschaft besprochen, zu der ich gehöre: Das sei aber verboten, hat er gesagt. Huuuuh, verboten, verboten!

Also habe ich mich bei der Gemeinde erkundigt. Und wie das so ist in der Schweiz: Zwar ist es im Kanton Solothurn, wo der Priester sich auskennt, verboten. Aber hier, bei mir in Baselland, ist es erlaubt. Allerdings nur, wenn die Asche ohne den Kasten darum herum vergraben wird. Aber ich brauche ja keinen Kasten. Auch keinen Ort, wo die Menschen hingehen und Blumen mitbringen oder so. Nein! Sie sollen mein Andenken im Herzen behalten.

Zur Anthroposophie bin ich mit 22 Jahren gekommen. Ihr Studium ist ein Weg der Erkenntnis: Rudolf Steiners Lehren haben mir das Gedankliche geordnet. Unsere Welt ist mehr als das, was man sieht. In diesen spirituellen Vorstellungen fühle ich mich aufgehoben. Nicht nur ich selbst, auch die Menschheit, ja die Welt ist darin geborgen. Wir kommen aus dem Geist und werden auch wieder zum Geist gehen – der Weg dazwischen ist die spirituelle Evolution.

Ich habe selbst erlebt, wie so manches sich fügt. Als ich eine junge Frau war, starb meine Grossmutter. Zu jener Zeit war von der Familie niemand ausser mir in São Paulo. Meine Grossmutter ist also ins Koma gefallen, und nach einer Woche wurde ich endlich ausfindig gemacht. Als ich schliesslich bei ihr war und ihre Hand hielt, hat sie ausgeatmet. ‹Hääähhhh› – so hat das getönt; sie hat das Leben ausgeatmet. Meine Grossmutter hat gewartet, bis ich bei ihr war. Es war das erste Mal, dass ich erlebt habe, wie es ist, wenn jemand stirbt. Es war ein grosses Erlebnis.

Angst vor dem Tod habe ich nicht. Was wir Tod nennen, ist in der Anthroposophie die Geburt in der geistigen Welt. Wenn man mit spirituellen Vorstellungen und einer gewissen Frömmigkeit gelebt hat, erkennt man im Moment des Todes, dass Gabriel, der Todesengel, einem entgegenkommt. Das muss ein sehr beglückendes Erlebnis sein. Man spürt, dass man in die geistige Heimat zurückkehrt. Ein neuer Weg fängt an, auf dem viel Arbeit auf einen wartet. Man muss sein vergangenes Leben verarbeiten. Erst danach entwickelt man allmählich den Wunsch, sich zu reinkarnieren, und kommt schliesslich als Mensch wieder auf die Erde.

Der Tod ist also kein Gräuel. Was mir Sorgen macht, ist das Leiden, das zum Tod führen könnte. Man kann nicht voraussehen, wie jener Moment des Sterbens sein wird, bei dem man sich noch in seinem physischen Leib befindet. In dieser Beziehung bin ich kein mutiger Typ. Ich mache mir immer Sorgen. Als ich neulich hingefallen bin – es war ja nicht so schlimm, Gottseidank, aber hmm, ja ... Man weiss nie, was einem noch alles passieren wird. Bisher hatte ich viele glückliche Zeiten in meinem Leben, viele glückliche Momente. Zum Beispiel mit meinen Kindern. Also eigentlich dauert es bis heute an: Mir geht es gut. Allein der Blick aus dem Wohnzimmerfenster hier ist wunderbar.

Seit ich in der Schweiz lebe, war ich nie wieder in Brasilien. Die Leute fragen mich, ob ich nicht Sehnsucht danach habe. Aber nein! Ich habe doch mein ganzes Leben dort gelebt. Jetzt bin ich hier und bin froh, hier zu sein. Man muss ja nicht überall gleichzeitig sein.»

« Der
Tod
ergibt
Sinn
»

Werner Arber
*1929

Zwischen den Papierstapeln hindurch sieht Werner Arber den Rhein. Braungrün schieben sich die Wassermassen unter der Dreirosenbrücke hindurch. Der Mikrobiologe und Genetiker sitzt am Schreibtisch in seinem Büro im obersten Stock des alten Basler Biozentrums. Etwa einmal in der Woche ist der 90-Jährige hier. Zum Arbeiten. Der Nobelpreisträger wohnt in einer Dreizimmerwohnung am Stadtrand. Seine Frau bringt ihn jeweils her – Werner Arber selbst fährt nicht mehr Auto.

«Wir wohnen in einem Mehrfamilienhaus, im sechsten Stock. Von dort habe ich auch eine tolle Aussicht. In einer Wohnung hat man mehr Kontakt zu den Nachbarn als in einem Haus. Früher, als die Kinder klein waren, war das für meine Frau wichtig. Als Universitätsprofessor habe ich immer viel gearbeitet.

Man muss im Alter schon einiges loslassen. Zum Beispiel bin ich seit meinem Herzinfarkt vor drei Jahren in manchem eingeschränkt: Das Reisen strengt mich stärker an als früher und ich halte weniger Vorträge. Ich kann nicht mehr so viel arbeiten und muss mich auf das Wesentliche konzentrieren. Aber ich akzeptiere das ohne Widerspruch. Ich habe eine grosse Dankbarkeit für mein langes Leben. Ich bin glücklich mit meiner Familie. Ich bereue nichts. Und ich weiss, dass ich sterben muss.

Ich bin auf einem Bauernhof im Wynental im Kanton Aargau aufgewachsen. Meine Mutter war die Tochter eines Viehhändlers und mein Vater war ein Bauernsohn. Das hat also gepasst. Ausserdem hatte ich eine ältere Schwester, und im oberen Stock lebte mein Grossvater. Ich habe schon früh in der Landwirtschaft mitgearbeitet. Zum Beispiel habe ich bei der Getreideernte geholfen. Das hat mir Spass gemacht. Aber ich bin auch gerne auf den Bäumen herumgeklettert. Als ich noch klein war, bin ich mit der Leiter den Stamm hoch und von dort in die Äste gestiegen. Später habe ich bei der Apfelernte geholfen. Ausserdem hatte ich einen eigenen Pflanzplatz, auf dem ich selber Gemüse wachsen lassen konnte. Die Kartoffeln fand ich besonders toll.

Ich habe schon vor vielen Jahren angefangen, mir Gedanken über den Tod zu machen. Auch, weil ich durch meine Arbeit viel wusste über die Prozesse der Evolution. Wer Nachkommen hat, wird nicht ewig leben – das ist ein Konzept. Wenn wir ewig leben würden, gäbe es bald keinen Platz mehr auf der Erde und wir könnten keine Kinder mehr bekommen. Dann wäre unsere Evolution in Gefahr. Seit Darwin wissen wir, dass Genmutationen es den Lebewesen erlauben, per Zufallsprinzip zu versuchen, sich an die jeweiligen Lebensbedingungen anzupassen. Jedes Lebewesen muss die Chance haben, sich zu vermehren und eine neue Mutation auszuprobieren. Man stirbt also auch für die Entwicklung der Menschheit. Der Tod ist notwendig, er ergibt Sinn.

Obwohl ich meinem Vater immer gerne geholfen habe, waren mir nicht alle Arbeiten gleich lieb. Ich habe zum Beispiel nie melken gelernt – obwohl ich die Kühe gerne hatte. Ich habe mit Begeisterung zugesehen, wenn eine Kuh ein Kalb bekommen hat. Trotzdem: Als ich ein gewisses Alter hatte, fand meine Mutter, dass es doch schön wäre, wenn ich Pfarrer werden würde. Wir hatten einen sehr guten Pfarrer in der Gemeinde, der auch den Religionsunterricht an der Schule gab. Also habe ich angefangen, Latein zu lernen. Als ich dann an die Kantonsschule in Aarau gekommen bin, habe ich realisiert, dass ich auch noch Altgriechisch brauche. Aber das war mir dann zu mühsam, der Lehrer war sehr streng. Ausserdem habe ich mich damals schon für die Naturwissenschaften interessiert. So bin ich an die ETH nach Zürich gegangen.

Ich habe keine Angst vor dem Tod. Aber es hilft mir schon sehr, dass meine Arbeit und mein Leben langfristige Auswirkungen haben. Einerseits ist da meine Forschung, die den Grundbaustein für die moderne Molekulargenetik gelegt hat. Andererseits sind da meine Kinder. Sie tragen meine Erbinformationen in sich und auch die meiner Frau. Wir geben unsere Eigenschaften also weiter – über den Tod hinaus. Auch wenn ständig neue Erbinformationen hinzukommen, wird die alte, also meine, nie komplett ersetzt. Das ist doch ein schöner Gedanke. Und dann ist da noch die Erziehung: Wir Menschen leben während vieler Jahre mit unseren Kindern zusammen. Auch davon nehmen sie etwas mit und geben es dann wiederum an ihre Kinder weiter.

Nach meinem Hochschulabschluss habe ich zuerst in Genf geforscht und bin später für ein Jahr nach Kalifornien gegangen. Von dort wurde ich wieder in die Schweiz geholt, um eine kleine Arbeitsgruppe zu leiten. Das hat sich sehr bewährt. Schon im ersten Jahr bin ich auf die Restriktionsenzyme gestossen. Für ihre Erforschung habe ich später den Nobelpreis erhalten.

Das Schönste in meinem Leben war aber die Heirat mit meiner Frau Antonia. Wir haben uns in München kennengelernt. Ich war an einen Kongress eingeladen, und irgendwie hat es nicht geklappt, dass ich unterwegs im Zug zu Abend essen konnte. Als ich ankam, wurde ich deshalb in ein Restaurant gebracht. Dort sass meine spätere Frau mit einer Kollegin, und so haben wir uns kennengelernt. Nach einem Jahr haben wir geheiratet. Da war ich schon 37. Zwei Jahre später ist unsere erste Tochter Silvia auf die Welt gekommen und sechs Jahre später Caroline.

Wenn jemand stirbt, muss man jene trösten, die noch leben. Manchmal gelingt das und manchmal auch nicht. Eine Freundin von uns leidet sehr, seit ihr Mann gestorben ist. Bei mir ist Trauer nicht lange da; mit der Beerdigung ist der Tod für mich ein Stück weit abgeschlossen. Was mir bleibt, wenn jemand stirbt, sind die guten Erinnerungen.

In meiner Kindheit habe ich allerdings etwas Schlimmes erlebt im Zusammenhang mit dem Tod. Wir haben damals im Frühling auf den Wiesen immer Habermark gesammelt und daraus ein Gemüse gekocht. Die Haushälterin meines Grossvaters hat aus Versehen die Blätter der giftigen Herbstzeitlose gesammelt. Mein Grossvater ist an dieser Mahlzeit gestorben, die Haushälterin selbst hat knapp überlebt. Da habe ich erfahren, dass man so unglücklich sein kann, dass man bei einem solchen Unfall stirbt.

Es ist nicht ganz einfach, meine Hinterlassenschaften zu ordnen. Zwar bin ich seit mehr als zwanzig Jahren emeritiert. Aber ich schätze es sehr, dass ich noch immer die Möglichkeit habe, ein wenig zu arbeiten. Etwa einmal in der Woche gehe ich kurz ins Biozentrum. Entweder arbeite ich an einem wissenschaftlichen Artikel oder ich räume auf und ordne meine Papiere. Ich muss entscheiden, was wo hinkommt. Das Staatsarchiv und die Universitätsbibliothek haben mich kontaktiert und gebeten, ihnen die wichtigen Dokumente zukommen zu lassen. Das werde ich nun tun. Sie schauen alles durch und entscheiden, was sie behalten wollen. Den Rest entsorgen sie. Das ist doch eine gute Strategie.

Ich bin religiös erzogen worden, und das Christentum ist noch immer ein Vorbild für mich. Was mir gefällt, ist die Dreifaltigkeit. Jesus war ein Mensch, er musste – wie wir alle auch –

sterben. Während er lebte, hat er uns gezeigt, wie ein gutes Leben auf der Erde funktioniert. Der Schöpfer und der Heilige Geist hingegen sind meiner Ansicht nach fürs Universum zuständig. Als der Urknall geschah, haben diese beiden die Verantwortung für die Bausteine des Lebens übernommen. Bei diesen Bausteinen denke ich übrigens nicht an grosse Moleküle, sondern an Teile von Atomen. Wenn ich nun sterbe, gebe ich diese Grundbausteine wieder zurück, und sie können zur Bildung von etwas Neuem beitragen. Das kann auch eine Pflanze sein oder ein Wurm. Ich finde es sehr befriedigend zu wissen, dass ich diese Grundbausteine wieder abgebe. Das ist für mich die Auferstehung. In dieser Betrachtungsweise fühle ich mich geborgen.

Wenn ich über den Tod nachdenke, habe ich gute Lösungen für mich gefunden. Ich muss sterben und ich mache mir keine Gedanken darüber, wie das geschehen wird. Ich bin dankbar, dass ich 90 Jahre alt geworden bin. Und ich weiss, dass ich keine 120 werde.

Wir Menschen haben ein relativ kurzes und intensives Leben. Eigentlich geht es allen gleich, auch den Tieren, Pflanzen und Bakterien. Wir sehen das einfach nicht so gut, weil die Wiesen immer grün sind – aber eigentlich herrscht ein ständiges Kommen und Gehen.

Aber ich habe noch ein bisschen etwas vor. Und meine Frau ist ausserdem elf Jahre jünger als ich. Es wäre mir also höchst angenehm, noch ein Weilchen zu leben.»

117

« Wir
sind
ja
nicht
die
Ersten,
die
sterben »

Liliane und Willi Baur

*1930

Die Möwen ziehen kreischend ihre Kreise. Vom Wohnzimmerfenster aus sieht man die Kräne des Basler Rheinhafens und weiter nach Frankreich und Deutschland. Vor achtzehn Jahren bereits sind Liliane und Willi Baur hier in die Alterswohnung im Zentrum Wiesendamm gezogen. Aus Vernunft. Noch leben sie vollkommen selbstständig. Nur hin und wieder essen die beiden 88-Jährigen im Restaurant des Alterszentrums zu Mittag. Eben dann, wenn es etwas Rechtes gibt: Kalbsleberli, Kutteln – so etwas.

Willi Immer samstags machen wir die Kommissionen für die ganze Woche. Dann essen wir auch gleich im Migros-Restaurant zu Mittag.

Liliane Die haben ein Salatbuffet mit 15 Sorten Salat. Sehr gut.

Willi Ich habe immer gesagt: Wenn ich 70 bin, ziehe ich in eine Alterswohnung. Und zwar in eine, die an ein Pflegeheim angeschlossen ist. Das habe ich durchgezogen.

Liliane Ich sage immer: Wir hätten noch lange in unserer alten Wohnung bleiben können! Aber so ist es auch recht.

Willi Ich habe eine ganz liebe Frau. Mit viel Verständnis. Sie ist bodenständig. Wir haben immer zusammengehalten.

Liliane Wir haben auch einen Sohn, eine Schwiegertochter und zwei Enkel. Alle sind sehr lieb und anständig. Der Sohn hat einmal zu mir gesagt: ‹Ich möchte so glücklich werden wie du mit dem Papi.›

Willi Wir sind 66 Jahre verheiratet. Im letzten Jahr wurden wir im Basler Rathaus zu einem Apéro eingeladen, zum 65. Jubiläum. Man bekommt einen Becher aus Zinn. Zum 70. kommen sie dann zu einem nach Hause. Aber wir wissen ja nicht, ob das noch klappt.

Liliane Ich würde Willi wieder heiraten. Wir hatten es immer schön. Auch, als wir arm waren.

Willi Wir sind beide im Jahr 1930 auf die Welt gekommen und mussten immer sparen – es kamen die Kriegsjahre.

Liliane Wir waren richtig arm.

Willi Wir haben überall gespart, vor allem natürlich an der Freizeit. In den Ferien sind wir zu Hause geblieben. Wir sind mit dem Tram aufs Land gefahren, mit unseren Rucksäckli. Darin war Brot und vielleicht ein Stück Käse. Dann sind wir spaziert – und wenn das Rucksäckli leer war, haben wir es mit Holz gefüllt, weil wir daheim eine Holzheizung hatten. Oder mit Fallobst. Man hat immer mitgedacht.

Liliane Es ging eine ganze Weile, bis wir das erste Mal in die Ferien konnten. Wir sind dann nach Nidau zu Onkel und Tante gegangen. Drei Tage. Wir mussten nichts bezahlen, es waren ganz Liebe. Manchmal haben sie uns auch ein Stück Speck oder etwas Gemüse geschickt.

Willi Irgendwann sind wir dann in eine Reka-Ferienwohnung. Und später konnten wir uns sogar ein Auto anschaffen. Einen VW-Käfer, 1963. Occasion natürlich, blau. Mit einem Schiebedach. Das hätte ich in jungen Jahren nie gedacht. Wir haben in einer Zeit gelebt, in der es immer aufwärts ging.

Liliane Ich bin hier in Kleinhüningen aufgewachsen. Mit drei Brüdern und einer strengen Mutter. Sie hat immer gesagt: ‹Dir kann ich nichts geben. Ich muss alles den Buben geben.› Das höre ich heute noch. Ich war die Jüngste. Alle haben gedacht, ich sei verwöhnt. Aber das war nicht so. Nein.

Willi Ich habe mit 2 Jahren die Mutter verloren, an einer Hirnhautentzündung. Zuerst bin ich bei der Grossmutter mütterlicherseits aufgewachsen, dann bei der Grossmutter väterlicherseits. Als der Vater wieder geheiratet hat, kam ich zu ihm. Es kamen noch drei Halbbrüder, ich war immer das fünfte Rad am Wagen.

Liliane Einer von Willis Stiefbrüdern lebt noch. Wenn wir ihn besuchen, sagt er zu mir: ‹Der Willi war ein armer Cheib. Er hat immer für uns alle zusammen auf den Ranzen bekommen!›

Willi Ich wollte so schnell wie möglich von zu Hause weg.

Liliane Bei mir ist alles so gekommen, wie es eben gekommen ist. Ich hatte nie einen Wunsch. Nur etwas habe ich immer gewusst: Mein Kind wird nicht so viel ‹Tätsch› bekommen, wie ich als Kind gekriegt habe. Daran habe ich mich auch gehalten. Heute ruft unser Sohn jede Woche an und fragt, wie es uns geht. Ich sage immer: ‹Georges, solange ich den Papi habe, geht es mir gut.›

Willi Wir reden natürlich über den Tod. Zum Beispiel sagen wir: ‹Das erleben wir ja nicht mehr.› Oder wir fragen uns: ‹Erleben wir das noch?›

Liliane Ich habe unserem Sohn gesagt: ‹Georges, wir wollen verbrannt werden und dann ins Gemeinschaftsgrab, der Papi und ich. Dann ist die Grabpflege geregelt.› Der Georges und seine Frau wohnen eben auswärts.

Willi Da kommt man dann in so ein Löchli im Boden, man weiss nicht einmal genau, wo es ist. Nach ein paar Jahren wird man wieder rausgesaugt und entsorgt. Aber die Wiese sieht schön aus, mit vielen Blumen. Und es gibt so kleine Tafeln, auf denen die Namen stehen.

Liliane Ich habe immer einfach gelebt und werde auch einfach sterben.

Willi Angst vor dem Tod haben wir nicht.

Liliane Man hat ja gelebt, also muss man irgendwann auch wieder abtreten. Viele werden gar nicht so alt wie wir.

Willi Ich möchte am liebsten einfach einschlafen.

Liliane Wenn der Willi noch lebt, wenn ich sterbe, wünsche ich mir, dass er bei mir ist.

Willi Mich würds auch freuen, wenn sie dann zu mir ins Bett kommen würde.

Liliane Ich sage immer: ‹Solange ich den Willi habe, geht es mir gut.›

Willi Als wir uns kennengelernt haben, waren wir 21. Es war in Biel, an einem Sommertag, in einer Gartenwirtschaft. Die Musik hat gespielt: Foxtrott, Englisch Walzer, Tango. Wir haben getanzt.

Liliane Dann hat er mich heimbegleitet. An der Türe hat er gesagt: Fräulein, vielleicht sehen wir uns per Zufall einmal wieder. Natürlich haben wir uns wiedergesehen. Aber ganz zufällig war das nicht!

Willi Ein Jahr später haben wir geheiratet. Auch ein bisschen aus Kostengründen.

Liliane Ich habe damals bei Meyer Söhnle im Büro gearbeitet.

Willi Ich war Patissier und habe beim Baumberger gearbeitet. Später habe ich den Beruf aufgegeben, es gab keine Aufstiegschancen. Ich bin dann zur Post, war uniformierter Pöstler. Aber da habe ich auch nicht gut verdient.

Liliane 280 Franken. Ich habe nach der Hochzeit natürlich auch weiterhin gearbeitet.

Willi Später bin ich zur Chemie. Aktenbote bei der Sandoz in Basel. Da waren die Arbeitsbedingungen besser: Herbstzulage, 13. Monatslohn, Gratifikation und am Samstag frei. Ich habe es nie bereut. Dort bin ich bis zur Pensionierung geblieben.

Liliane Wir sind schon so lange zusammen und ich liebe meinen Mann noch immer. Deshalb hoffe ich auch, dass ich vor ihm sterben darf.

Willi Was soll ich sagen? Ich begreife meine Frau. Wenn ich sterbe, ist sie schon ziemlich hilflos. Aber vielleicht ginge sie dann ins Pflegeheim. Meine Frau ist zwar gesund, aber sie wird vergesslich. Das macht mir Sorgen.

Liliane Aber ich sage immer: ‹Willi, ich komme noch zur rechten Türe rein!›

Willi Das stimmt. Sie geht jeden Tag mit ihren Freundinnen ins Coop-Restaurant am Wiesenplatz und findet alleine wieder nach Hause.

Liliane Wir plaudern zusammen: ‹Wie geht es dir? Warst du spazieren? Was hast du gegessen?›

Willi Sie kann noch kochen. Aber staubsaugen und Fenster putzen kann sie nicht mehr. Das mache ich. Und das Bett frisch überziehen können wir beide nicht mehr. Also zusammen schaffen wir es irgendwie, aber alleine: Nein. Wenn ich sterben würde, müsste sie wohl ins Pflegeheim.

Liliane Aber wenn wir Glück haben, werden wir noch 90. Am schönsten wäre es, gemeinsam zu sterben. Ja, das wäre am besten. Aber das geht natürlich nicht.

Willi Ich mache mir Gedanken darüber, was ich alles organisieren muss, wenn sie zuerst stirbt. Man bekommt zwar Hilfe – doch erledigen muss man trotzdem alles. Aber ich sage mir: Wir sind nicht die Ersten, die sterben. Die anderen haben das auch organisiert bekommen.

Liliane Wir wollen aber schon noch etwas leben, gell, Vater?

Willi Ja, wir wollen schon noch leben. Wir sind zwar nicht reich, aber wir haben keine Sorgen mehr. Das ist viel wert.

Liliane Geld beruhigt die Nerven.

Willi Sie hat einen armen Pöstler geheiratet, obwohl sie noch manchen anderen bekommen hätte!

Liliane Das hat meine Mutter auch immer gesagt. Aber – und das sage ich jetzt nicht zum Angeben: Wir führen wirklich eine gute Ehe. Vom Finanziellen her hätten wir manchmal ein bisschen mehr vertragen können. Das schon. Aber gell, Vater, wir sind zufrieden.

Willi Wir leben in den Tag hinein. Ich gehe am Rhein spazieren, sitze auf einer Bank, schaue auf den Fluss. Es ist herrlich dort unter den Lindenbäumen. Meine Frau mag nicht mehr mitkommen, ihr ist das zu streng.

Liliane Für mich hat sich das Leben gelohnt. Auf alle Fälle, seit ich Willi kenne. Mit ihm war mein Leben gut. Man muss auch einmal zufrieden sein. Ich sage immer: Solange ich den Willi habe, geht es mir gut.

« Heute
lebe
ich.
Was
morgen
ist,
weiss
ich
nicht
»

Annie Akuamoa

*1935

Annie Akuamoa redet nicht besonders gerne über sich selbst. Vor allem nicht über die schweren Momente in ihrem Leben. Und was den Tod betrifft: Der kann ihr als Gesprächsthema erst recht gestohlen bleiben. Barfuss sitzt die 85-Jährige auf der Couch in ihrer Dreizimmerwohnung in Basel. Während die ehemalige Hebamme und OP-Schwester von ihrer Kindheit in Ghana erzählt, öffnet sie den Reisverschluss des rosaroten Samtkissens auf ihrem Schoss. Vorsichtig holt sie den Inhalt hervor.

«Bitte sehr: Die Haare meiner Mutter. Alles von einem einzigen Haarschnitt. Sie hatte wunderbare Haare. ‹Gib sie mir›, habe ich gesagt, als sie hier in Basel zu Besuch war, ‹dann habe ich dich immer bei mir›. Wenn ich sie vermisse, nehme ich ihre Haare hervor. Auch heute noch. Das tut gut. Den grauen Streifen in der Mitte meines Kopfes habe ich von ihr. Das ist nicht gefärbt, das ist echt. Ich habe ihn schon als junge Frau bekommen. Meine Mutter hat gesagt: ‹Lass es so. Das ist schön›. Also habe ich es gelassen.

Über den Tod möchte ich nicht sprechen. Das ist mir zu viel. Jeder stirbt doch, was soll man dazu sagen? Ein bisschen Angst vor dem Tod habe ich schon – jeder hat ein bisschen Angst. Aber die Angst ist nicht gross, nein. Es ist keine schwere Angst. Die Angst ist leicht. Ich lebe ja. Heute lebe ich. Und ich versuche, gut zu leben. Was morgen ist, weiss ich nicht. Also mache ich mir darüber keine Gedanken. Aber ich bete dafür, dass der nächste Tag gut wird. Das schon.

Ich bin 1935 in Ghana geboren, in einem kleinen Dorf in der Nähe von Accra. Wie alt bin ich dann? Ja ja, ich bin 84 oder 85 Jahre alt. So etwas. Mein Vater hatte drei Frauen und insgesamt etwa elf Kinder. Meine Mutter war seine erste Frau. Wir Kinder haben uns gut verstanden, haben viel zusammen gespielt und viel gestritten – alles ganz normal also. In unserer Familie waren die Kinder das Wichtigste. Mein Vater hat immer gesagt: ‹Wissen ist Macht›, also mussten wir alle in die Schule gehen. Ich bin nicht besonders gerne hingegangen. Wegen dem Sport; ich war immer die Letzte. Naja. Wichtig war, dass man sich Mühe gab und gut lernte.

Der Tod beschäftigt mich natürlich. Ich werde alt, you know. Aber ich glaube an Gott und ich weiss, dass er mir helfen wird. Ich werde zu ihm gehen, wenn ich sterbe, er wird mir entgegenkommen. Ich bin sicher, dass es wunderschön ist, dort, wo man hinkommt, wenn man stirbt. Daran glaube ich. Mehr gibt es nicht zu sagen.

Als ich ein kleines Mädchen war, musste ich einmal ins Krankenhaus. Ich hatte irgendwas mit den Zähnen. Die Krankenschwester war gross, wunderschön und sehr lieb zu mir. Das habe ich nie vergessen. So wollte ich auch werden. Also bin ich Hebamme geworden.

Nach der Ausbildung, ich war 24, machte mich ein Freund darauf aufmerksam, dass sie im Dorf Biki jemanden suchten, der eine Geburtsklinik aufbaut. Ich habe mich beworben und es hat geklappt. Vier Jahre lang habe ich die Kinder der umliegenden Dörfer auf die Welt gebracht. Wenn es Komplikationen gab, habe ich einen Arzt beigezogen. Aber er wohnte etwa hundert Kilometer von meiner Klinik entfernt. Das ist weit, wenn die Strassen schlecht sind. Trotzdem ist nie etwas ernsthaft schief gegangen. Das ist ein grosses Glück.

Immer an Weihnachten feiern wir hier in Basel in unserer Gemeinde ‹Carol Night›. Wir singen also zusammen Weihnachtslieder. Es hat Lichter, Kerzen, Gebäck, alles. Das ist unglaublich schön. Ich denke, genau so ist es, wenn man tot ist. So ist es im Himmel. Keine Schmerzen, keine Krankheiten, nichts. Nur Singen. Mit den Engeln im Himmel.

Ich wollte schon als Mädchen nach Europa kommen, am liebsten nach Basel. Das war mein grosser Traum. Die Leute der Basler Mission haben uns erzählt, wie schön es hier sei. Mein älterer Bruder war Mediziner und lebte bereits in der Schweiz. Als er einmal in Ghana zu Besuch war, hat er mich gefragt, ob ich nicht auch kommen wolle. Ich habe sofort Ja gesagt. Am 9. Oktober 1960 bin ich dann in Zürich gelandet. Das vergesse ich nie: Es hat geregnet und geschneit und mir war so kalt!

Weil meine Ausbildung in der Schweiz nicht anerkannt war, habe ich zuerst die Rotkreuz-Schwesternschule in Zürich gemacht. Ich war die erste Afrikanerin dort. Die einzige Schweizerin, die mich von Anfang an zu sich nach Hause eingeladen hat, ist bis heute meine Freundin geblieben. Einige Jahre später bin ich nach Basel gezogen und habe im Felix Platter-Spital angefangen. Ich habe Tausende von Operationen begleitet und bin bis zur Pensionierung dort geblieben. Wenn ich Ferien hatte, bin ich viel gereist. Nach Österreich, Dänemark, ins ehemalige Jugoslawien, überall hin. Ich war nicht verheiratet und hatte Zeit.

Mein erster Freund und ich – wir wollten schon heiraten. Aber es hat nicht geklappt. Zu jener Zeit schickte man in Ghana die besten Schüler der High School fürs Studium nach Europa. Er war einer von ihnen und kam nach Deutschland. Wir haben uns geschrieben. Ich habe immer gespürt, wann wieder ein Brief kommen würde – wir waren verbunden. Aber irgendwann ist keiner mehr gekommen. Ich habe versucht, mit ihm Kontakt aufzunehmen. Aber es hat nicht geklappt. Als ich dann selber in Europa war, habe ich ihn gesucht. Eines Abends, ich arbeitete damals auf der Notfallstation in Zürich, hat das Telefon geklingelt – und er war dran. Er war gerade in der Schweiz und fragte, ob er mich besuchen solle. Als er dann bei mir war, hat er mir gesagt, dass er verheiratet sei. Da bin ich zusammengebrochen. Wenig später ist er in Griechenland auf einer Geschäftsreise ertrunken. So ist das Leben. Ich bin fertig mit Erzählen.

Ich habe keine Pläne mehr für die Zukunft. Aber ich habe die Hoffnung, dass es mir gut gehen wird. Dafür bete ich jeden Tag. Ich möchte nicht wissen, wie lange ich noch zu leben habe. Der liebe Gott gibt das Leben und er nimmt es auch wieder. Dann, wann er es für richtig hält. Ewig leben möchte ich sowieso nicht. Wozu auch? Um krank zu sein und Schmerzen zu haben?

Ich habe einen wunderbaren Sohn. Er lebt mit seiner Familie in Genf. Ich habe ihn nicht selbst geboren, die Frau meines Bruders hat ihn auf die Welt gebracht. Aber er ist trotzdem mein Sohn. Als er auf die Welt kam, habe ich meiner Schwägerin gesagt, dass ich den Jungen gerne haben würde. Nachdem sie ihn abgestillt hatte, hat sie ihn mir gegeben. Als ich dann in die Schweiz gegangen bin, ist er bei meiner Mutter geblieben. Er war 7 Jahre alt und es war sehr traurig, als ich wegfuhr. Mein Sohn hat hohes Fieber bekommen. Trotzdem hat er sich einen Stuhl geholt und damit Flugzeug gespielt – um mich in der Schweiz besuchen zu können.

Mein letzter Besuch in Ghana ist sechs Jahre her. Manchmal vermisse ich es. Aber ich werde jetzt nicht mehr hinfahren, das ist vorbei. Zum Glück habe ich seit einigen Monaten eine junge Frau aus Nigeria, die bei mir wohnt. Sie studiert hier in

Basel Physik. Wenn sie Zeit hat, essen wir zusammen. Aber ich werde trotzdem eine Hilfe brauchen: Jemand, der mir im Haushalt hilft – und beim Essen. Ich esse kaum noch, ich mag einfach nicht mehr. Aber ich schaue sehr gerne TV. Früher bin ich gereist – heute schaue ich mir die Welt im Fernsehen an. Am liebsten habe ich Dokumentarfilme. Unterwasserfilme gefallen mir am besten. Ich liebe die Tiere unter Wasser. Da gibt es doch tatsächlich Leute, die sagen, es gäbe keinen Gott.

Aber wenn man diese Tiere beobachtet, merkt man doch, dass es einen Gott geben muss.»

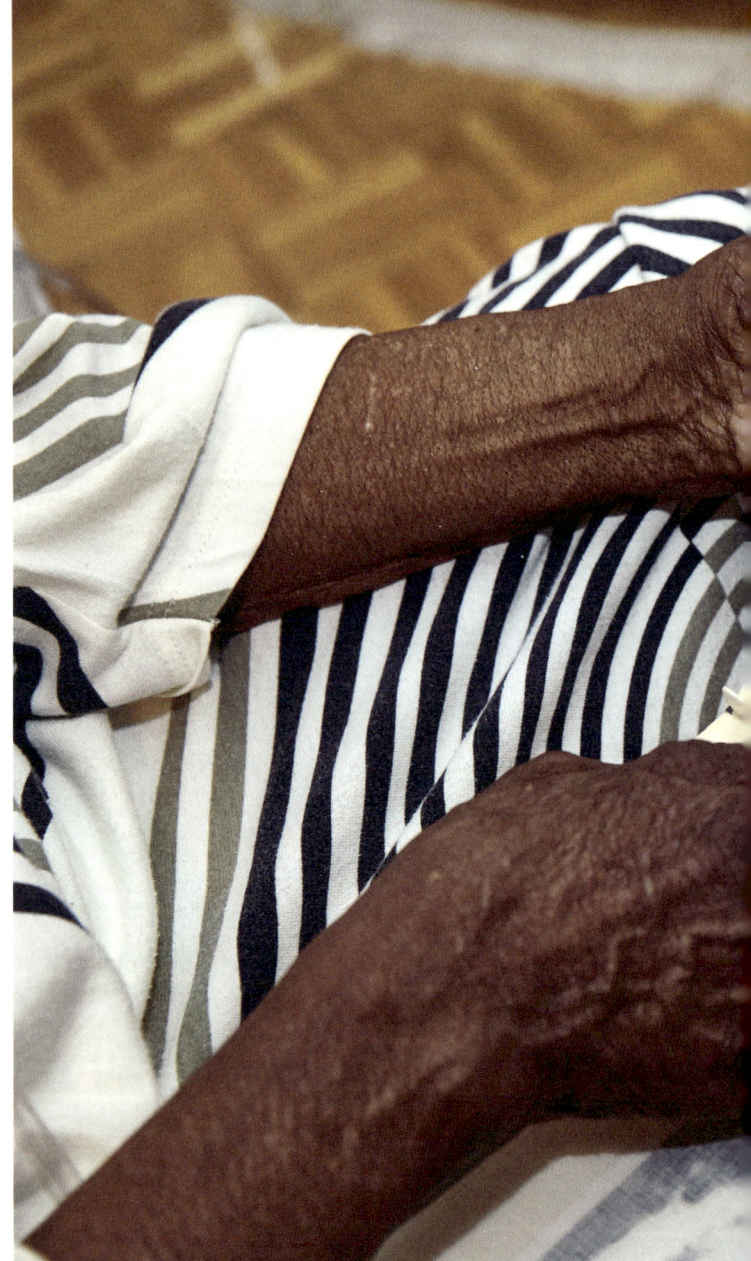

Babies

« Bei
mir
ist
noch
keiner
zurück-
gekommen,
um
zu
erzählen »

Ida Schläpfer Bänziger
*1925

Wenn Ida Schläpfer Bänziger von ihrem verstorbenen Mann erzählt, leuchtet sie. Die 94-Jährige sitzt auf einem der beiden Sessel in ihrem Wohnzimmer: ein roter Perserteppich, Wappen aus farbigem Glas, an der Wand tickt eine Pendeluhr. Hier in Guggeien, am äussersten Stadtrand von St. Gallen, soll ihre letzte Station sein. Elf Mal ist sie mit ihrem Mann und ihren vier Kindern umgezogen. Nun wohnt sie alleine hier.

«Wenn du von Eggersriet die alte Landstrasse bergauf gehst, bis zum Götsch und dann weiter zum Feldmoos: Da hat der Vater ein ‹Häämetli› gekauft, ein kleines Bauerngewerbe. Dort oben, gleich bei der Kantonsgrenze zwischen St. Gallen und Appenzell, bin ich 1925 geboren. Etwa zwölf Kühe und ein paar Muttersauen hatten wir.

Wir Kinder mussten immer helfen, damit wir überleben konnten. Wir waren zu fünft. Vor der Schule musste ich die Nachthäfen leeren und das Geschirr waschen. Weil ich gut reden konnte, machte ich ausserdem den Laufburschen; ich habe gemeldet, wenn wir zum Beispiel ein ‹Säuli› zu verkaufen hatten. Eigentlich war ich immer am Arbeiten. Wahrscheinlich bin ich deshalb bis heute so gut beisammen.

Niemand weiss, wie er einmal ab der Welt geht. Natürlich hoffe ich, dass ich nicht zu lange leiden muss, dass es schnell geht. Vielleicht sterbe ich an einem Schlaganfall, wie mein Mann Ernst. Er war draussen zum Milchholen beim Bauer Ackermann und ist nicht mehr nach Hause gekommen. ‹Das geht aber lange›, habe ich gedacht, ‹so lange redet er doch nicht beim Ackermann›. Weil ich die Hüfte frisch operiert hatte, konnte ich nicht einfach rasch nachschauen, wo er bleibt. Als ich mit meinen Stöcken endlich unten vor dem Haus stand, sind ein Mann und eine Frau gekommen. Sie haben mir gesagt, dass Ernst auf dem Heimweg vom Milchholen gestorben sei.

Das war hart. Auf einmal war er weg und ich war alleine. Damit hatte ich nicht gerechnet. Von einem Moment auf den anderen kannst du dem Gegenüber nichts mehr sagen. Gar nichts mehr sagen. Da hatte ich schon zu kämpfen. Klar, er war 89 Jahre alt – und einer muss immer zuerst gehen. Trotzdem.

Nun sind es bald acht Jahre, dass ich alleine bin. Ich denke noch immer jeden Tag an ihn; wie schön es wäre, wenn er auch hier wäre. Als Ernst noch lebte, hatte ich eine Zeit lang viel los mit meiner Gesundheit. Da hat er gesagt: ‹Gell, du schaust aber, dass ich dich nicht überlebe. Das wäre so traurig, ich könnte keinen Tag ohne dich sein.›

Wenn ich einmal tot bin, komme ich auf den Ostfriedhof – wie mein Mann. Er ist dort in einer Urne. Aber nicht in der Urnenwand, nein, die ist so kalt und kahl. Er ist in einem ‹Gräbli›. Dort hat es auch noch einen Platz für mich. Ich möchte eine ganz normale Beerdigung, nichts Ausgefallenes. Vielleicht etwas Musik, das schon. Am liebsten Hackbrett. Oder vielleicht Trompete. Nein, eher Hackbrett, Trompete ist vielleicht etwas laut.

Mit meinem Leben bin ich sehr zufrieden, ich hatte grosses Glück. Nur zur Schule wäre ich gerne länger gegangen. Aber früher waren die Winter eben noch streng und der Weg zur Sekundarschule war weit. ‹Wie willst du denn da hinkommen, das geht doch nicht, bei dem ganzen Schnee›, hat der Vater gesagt. Früher hat man alles einfach akzeptiert, es war eine ganz andere Zeit. Natürlich wäre das Leben vielleicht anders verlaufen, wenn ich in die Sekundarschule gekommen wäre. Aber es sollte nicht sein. Gleich nach meinem 14. Geburtstag bin ich dann von zu Hause fort. Ich bin ‹dienen› gegangen, war Dienstmädchen bei einer Familie. Sie hatten eine Bäckerei, etwa eine Stunde Fussweg von der ‹Häämet› entfernt. Ich war ein sehr kleines Mädchen: ‹Die reicht ja nicht mal bis zum Zaun, um den Teppich auszuklopfen›, haben die Leute gesagt. Ich habe es trotzdem geschafft.

Meinen Mann habe ich beim Brotaustragen kennengelernt. Anfangs hatten wir kaum Zeit miteinander. Ernst war bei der Bahn und musste wie ich viel arbeiten, auch sonntags. Aber wer weiss, vielleicht war das ganz gut so. Mit 23 habe ich ihn dann geheiratet. Er war ein ganz lieber Mann.

Wenn jemand stirbt, bleibt die Erinnerung. Auf den Ostfriedhof kann ich leider nicht mehr alleine gehen, das ist zu weit. Also habe ich ein Foto von ihm im Schlafzimmer. Das geht auch. Ich sage ihm jeden Tag ‹Guten Morgen› und ‹Gute Nacht›. ‹Es schöns Tägli›. Ja, ich habe ihn tief in mir drin. Ich werde ihn nicht vergessen.

Auch mich werden sie nicht gleich vergessen, wenn ich gestorben bin. Wir haben eine gute Familie; ich habe vier Kinder, sechs Grosskinder und zehn Urenkel. Sie schauen gut zu mir, das schätze ich sehr. Eine Tochter wohnt ganz in der Nähe, sie macht viel für mich, schaut jeden Tag bei mir rein. Sie holt mir auch die Milch beim Bauer Ackermann. Mein ganzes Leben lang hatte ich frische Milch; das ist etwas ganz Gutes.

Was ich mir damals als Dienstmädchen immer gesagt habe: Wenn ich dann Kinder habe, müssen sie unbedingt etwas lernen dürfen, vor allem die Mädchen. Es hat geklappt, alle vier haben einen guten Beruf. Darauf bin ich sehr stolz. Und das, obwohl wir elf Mal umgezogen sind. Damals musste man bei jeder Beförderung umziehen, wenn man bei der Bahn Karriere machen wollte: St. Margarethen, St. Gallen, Chur, Buchs und so weiter.

Die älteste Tochter hat als Zweitausbildung noch die Sozialschule gemacht. Danach hat sie zu mir gesagt: ‹Jetzt musst du auch noch etwas machen!› Da bin ich zu Pro Senectute gegangen. Fünfundzwanzig Jahre habe ich dort gearbeitet; habe alten Leuten den Haushalt gemacht und so. Mein Mann war zuerst nicht recht einverstanden. Aber meine Tochter hat gesagt: ‹Mama, es braucht unbedingt solche Frauen wie dich.› Heute habe ich selbst so eine Frau, die mir einmal im Monat im Haushalt hilft.

Irgendwo steht geschrieben, wie man ab der Welt geht. Wählen kann man nicht. Ich denke, dass es ein Weiterleben nach dem Tod gibt, dass wir wieder auf die Erde zurückkehren. Aber wissen tu ich das nicht. Bei mir ist noch keiner zurückgekommen, um zu erzählen.

Dass man nach dem Tod alle wieder sieht, die man zu Lebzeiten gekannt hat, kann ich mir nicht recht vorstellen. Wir kennen ja so viele Leute; gerade wegen dem vielen Umziehen. Aber ich hoffe, dass ich meinen Mann wiedersehen werde. Dann denke ich wieder, dass das doch gar nicht sein kann. Wenn es ein Leben nach dem Tod gibt, ist es sicher ganz anders, als das, was wir hier Leben nennen. Wer weiss, vielleicht kommen wir auch als Tier zurück?

Aber noch geht es mir gut. Ich mache den Haushalt und koche jeden Tag etwas Rechtes. Am Morgen mache ich die Wäsche, gehe einkaufen und alles. Am Nachmittag hole ich das Strickzeug hervor. Ich stricke unglaublich viele Socken. Für die Enkel und die Urenkel.

Ich habe viel gesehen in meinem Leben. Deshalb habe ich nicht das Bedürfnis, noch viel zu erleben. Ich bin froh, wenn ich jeden Tag einen Spaziergang zu meiner Sitzbank machen kann. Der Blick von dort ist so schön – all die alten Bauernhöfe. Nun, wo der Winter kommt, muss ich schon etwas vorher umdrehen. Wegen der Kälte. Nein, bis zur Bank gehe ich jetzt nicht mehr.»

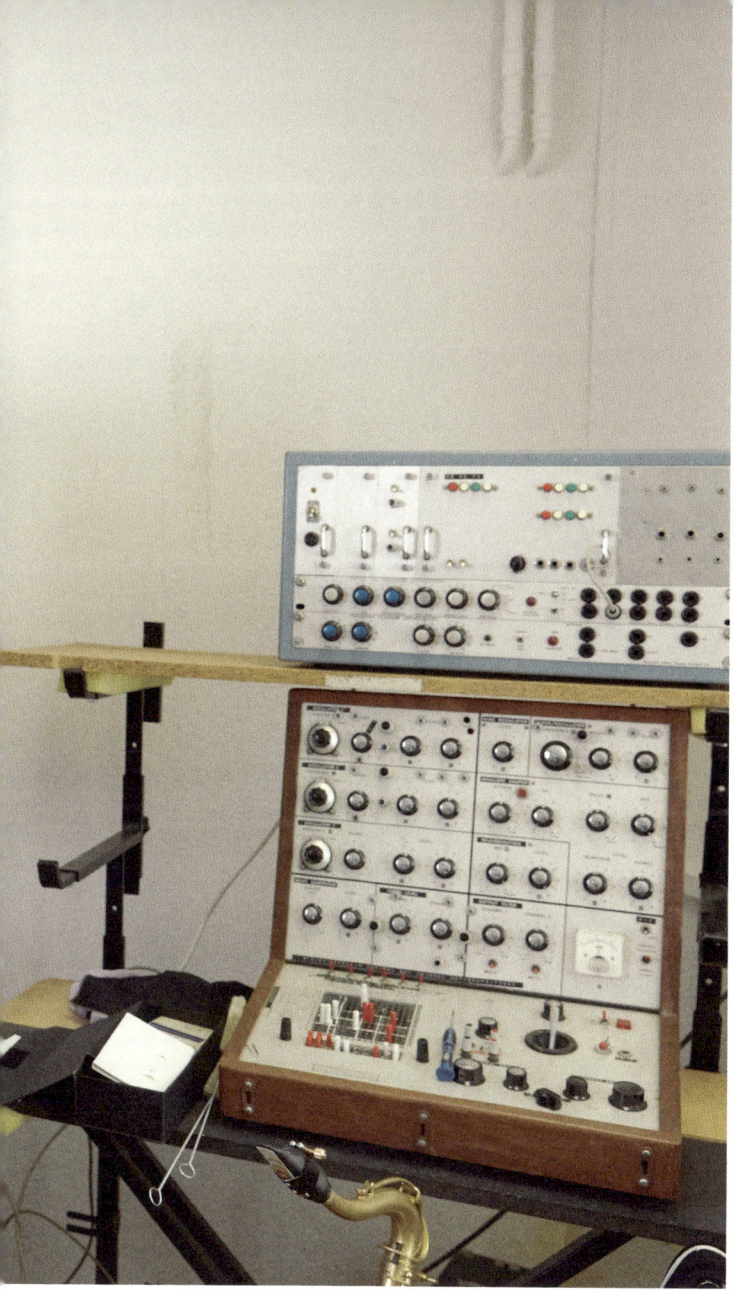

« Ich
möchte
mich
nicht
damit
befassen.
Wirklich
nicht
»

Bruno Spoerri

*1935

Die Musik hat Bruno Spoerri ein Leben lang begleitet. Der 83-jährige Jazz- und Elektromusiker steht auch heute noch regelmässig auf der Bühne. Er wohnt mit seiner Partnerin zusammen in Zürich, keine fünf Minuten von seinem Studio entfernt. Dort verbringt er mehrere Nachmittage die Woche. Am schönsten aber findet er es, mit anderen zu improvisieren. Er mag diese Spannung, diese Freiheit — und dass man sich voll aufeinander einlassen muss.

«Früher habe ich pro Tag vier verschiedene Dinge gemacht. Ich hatte zum Beispiel zwei Sitzungen und dann Aufnahmen im Studio. Danach habe ich mich ins Auto gesetzt, bin nach Biel gehetzt und konnte gerade noch auf die Bühne rennen. Manchmal habe ich knapp gewusst, wo ich bin und was ich mache. Ich habe das Spontan-Sein regelrecht kultiviert.

Heute geht das nicht mehr, die Kräfte lassen nach. Ich mache nur noch eine Sache am Tag. Wenn ich am Abend ein Konzert spiele, bin ich am anderen Tag völlig fertig.

Im Alter wird alles enger: Es geht nicht auf – es geht zu. Darauf reagiere ich mit Ängsten. Nichts mehr machen zu können, ist für mich ein fürchterlicher Gedanke. Solange ich kann, werde ich weitermachen. Aber irgendwann kommt der Moment, wo ich mit Saxofonspielen aufhören muss. Saxofon ist ein anstrengendes Instrument. Ich frage mich schon: Wann wird wohl mein letztes Konzert sein? Die Sachen, die ich mit der Elektronik mache, sind körperlich natürlich weniger anstrengend. Elektronische Musik werde ich deshalb wahrscheinlich noch länger machen können. Aber wie lange hält die Konzentration? Wie lange kann ich die Geräte noch bedienen? Schon heute habe ich mehr Mühe als früher, mich in neue Software-Programme einzuarbeiten. Auch das wird also irgendwann schwierig.

Mit dem Tod gebe ich mich möglichst wenig ab. Ich habe noch viele Pläne, ich will noch nicht sterben. Es ist mir schon klar, dass es irgendwann aufhört. Trotzdem möchte ich mich nicht damit befassen. Wirklich nicht. Ich rede auch nicht mit anderen Menschen über den Tod. Höchstens mit meiner Partnerin.

Aber nur über praktische Dinge, wie etwas geregelt werden soll und so. Über den Tod an sich sprechen wir nicht.

Mein Leben war ein Auf und Ab. Es war auf jeden Fall spannend. Vermutlich habe ich vieles falsch gemacht. Meine erste Ehe ging auseinander, als das älteste unserer drei Kinder 12 Jahre alt war. Ich bin dann bald in eine nächste Ehe hineingelaufen, die mich völlig in Anspruch nahm. Es hatte kaum etwas anderes daneben Platz, und ich habe mich viel zu wenig um meine Kinder gekümmert. Meine zweite Frau brachte ein Kind in die Ehe und wir bekamen noch ein gemeinsames. Nach fünfzehn Jahren ist auch diese Beziehung auseinandergegangen.

Die schönste Zeit in meinem Leben ist jetzt. Sie hat begonnen, als ich vor zwanzig Jahren meine heutige Partnerin kennengelernt habe. Ausserdem wollte die Plattenfirma kürzlich meine alten Sachen wieder herausbringen und ich habe Musik-Preise erhalten: Im Alter werde ich plötzlich geschätzt.

Wie sterben genau ist, weiss ich nicht. Am ehesten kann ich mir vorstellen, dass ich von einem Traum lückenlos in den Tod hinübergleite. Aber man kann sein Ende ja nicht aussuchen. Ich habe erlebt, wie meine Eltern gestorben sind. So möchte ich nicht sterben. Mein Vater lebte in Basel. Er war krank und hätte Hilfe gebraucht. Aber er weigerte sich, das Haus zu verlassen. Er wollte, dass ich zu ihm ziehe und ihn pflege. Aber das ging nicht. Also habe ich ihm eine Pflegerin organisiert. Nach drei Tagen hat er sie weggejagt. Tags darauf ist er die Treppe hinuntergefallen und später im Spital gestorben. Zuerst hatte ich eine ‹Sauwut› auf ihn. Dann ein schrecklich schlechtes Gewissen, weil er so jämmerlich gestorben ist. Meine Mutter ist am Ende ihres Lebens in ein Pflegeheim gegangen und hat eigentlich nur noch gelitten. Sie konnte nicht mehr sprechen und hatte Schmerzen. Sterben konnte sie trotzdem nicht. So etwas möchte ich auch nicht erleben. Wenn ich mich nicht frei bewegen kann, bekomme ich Angst.

Meine Mutter ist gegangen, als ich sieben Jahre alt war. Das war eine schwere Zeit. Aber ich habe kaum Erinnerungen daran, ich habe das verdrängt. Die Ehe meiner Eltern endete in einer hässlichen Scheidung. Sie waren sehr unterschiedlich: Mein Vater war der Sohn eines kleinen Ladenbesitzers, der hoch hinaus wollte und auf die Nase gefallen ist. Meine Mutter stammte aus einer russisch-jüdischen Musikerfamilie, die 1906 in die Schweiz zog. Sie war eine tolle Musikerin, die schon als Kind grossen Erfolg hatte. Sie gewann genau zu jener Zeit den grossen Preis von Genf, als der Krieg losging. Danach war es für sie als Jüdin mit der Karriere vorbei.

Meine Kindheit verbrachte ich in Basel. Ich wurde gleichzeitig verwöhnt und überfordert. Mein Vater hatte immer die Vorstellung, dass ich etwas Grosses werden müsse. Tatsächlich war ich ein Klavierwunderkind und spielte schon mit fünf Jahren sehr gut. Also hat man mich zum Star-Klavierlehrer von Basel geschickt. Der hat mir das Klavierspielen dann fürs ganze Leben verdorben. Ich wollte kein Klaviervirtuose werden, ich wollte einfach nur spielen. Da habe ich mich verweigert. Erst später, als ich in den Jazz hineingekommen bin, habe ich wieder angefangen, Musik zu machen.

In meinem Leben ist alles über Umwege geschehen. Meine Mutter hat mir einmal gesagt, dass ich alles werden dürfe ausser Berufsmusiker – als Geigerin wusste sie, wie hart dieses Leben ist. Also studierte ich Psychologie und wollte Psychoanalytiker werden. Während meiner eigenen Analyse hat sich dann vieles verändert und ich kam zu einem völlig anderen Beruf. Ich spielte in einer Jazzgruppe und machte über diese Kontakte einige Filmmusiken für eine Werbefirma. Eines Tages erhielt ich ein Jobangebot in diesem Bereich. Es war die Zeit, als das Werbefernsehen aufkam. Es ging rasant aufwärts – und ich bin mit dem Strom geschwommen. Auch, weil es genau diese Schnittstelle von Musik und Technik war, die mich interessierte.

Ich würde gerne plötzlich sterben. Bei einem Konzert tot umzufallen wäre zum Beispiel eine Idee. Ich weiss von jemandem, bei dem das so war. Allerdings ist das für die anderen wohl ein rechter Schock. Also doch besser einschlafen und nicht mehr aufwachen. Danach kommt nichts mehr, davon bin ich überzeugt. Alles andere sind Wunschvorstellungen. Sie entstehen aus dem Bedürfnis heraus, noch einmal etwas zu spüren.

Am Jazz hat mir immer die Freiheit am besten gefallen, das Improvisieren. Diese Spannung, mit Menschen zu spielen, die man nicht kennt. Man hört den anderen wirklich zu, achtet darauf, was man spürt – und reagiert. Im nächsten Monat habe ich sieben Konzerte. Zum Üben gehe ich in mein Studio. Aber es langweilt mich, ich finde üben überhaupt nicht interessant. Also lasse ich eine Begleitung laufen. Ich muss mir die Illusion schaffen, dass ich wirklich spiele. Nur so geht es.

Wenn ich tot bin, sollen die Erinnerungen an mich bleiben – also bei meinen Kindern. Ich hoffe, sie werden nicht allzu schlecht sein. Was meine Musikaufnahmen betrifft, mache ich mir keine Illusionen. Sie geraten schnell in Vergessenheit. Sie verschwinden einfach. Vielleicht stehe ich dann einmal in irgendeinem Buch, das niemand liest.

So ist das. Das Leben geht weiter.»

« Ich verlasse meine Familie nicht. Wir gehören zusammen »

Erio Marazzi

*1933

Seine Unterarme ruhen auf einem
violett geblümten Wachstuch.
Erio Marazzi sitzt am runden
Esstisch in seinem Wohnzimmer in
Muttenz (BL). Seit seine Frau
Rosetta erblindet und an Demenz
erkrankt ist, kümmert er sich zu
Hause um alles: Er kocht, kauft ein,
macht den Haushalt, organisiert
das Leben – auch für seine Tochter
Cristina. Sie hat das Down-Syndrom
und wohnt hier bei ihren Eltern.
Der 86-Jährige hat wirklich viel zu tun.

«Schade, dass meine Frau Rosetta heute nicht hier ist. Ja, das ist wirklich schade. Jetzt lernt ihr sie gar nicht kennen. Sie ist heute im Tageszentrum für Demenzkranke. Drei Tage die Woche ist sie dort, vier Tage zu Hause. Mir ist beides recht. Ich habe sie gerne bei mir.

Meine Frau ist seit dreizehn Jahren blind, also muss ich alles selber machen – und ich mache alles gerne! Nur mein Sohn sagt manchmal, dass ich Hilfe bräuchte. Weil meine Frau dement ist, macht sie hin und wieder dumme Sachen. Normalerweise höre ich es, wenn sie in der Nacht wach wird. Sie fragt mich dann, wo sie sei. Aber letzte Nacht habe ich sie nicht gehört, und da hat sie das WC nicht gefunden. Naja. Dann muss ich putzen und föhnen und so.

Man soll die Dinge nehmen, wie sie kommen. Ich beklage mich nicht. Warum? Weil ich es im Leben nicht schlecht hatte! Was ich in meinem Leben gemacht habe, hat mir Freude bereitet. Aber man hat natürlich ein gewisses Schicksal, das schon.

Wann ich sterbe, möchte ich nicht wissen. Eigentlich will ich auch nicht daran denken, weil ich mir sonst Sorgen mache. Wegen meiner Tochter Cristina. Sie kann nicht alleine leben. Wenn ich nicht mehr da bin, muss sie ins Heim. Also sage ich immer: ‹Lieber Gott, lass mich leben. Für Cristina.›

Kinder mit Down-Syndrom werden etwa 60 oder 70 Jahre alt. Manche sterben auch früher. Cristina ist jetzt 53 Jahre alt. Deshalb hoffe ich einfach, dass ich so lange lebe wie sie – damit sie zu Hause bleiben kann.

Ich bin in einem kleinen Dorf in der Provinz Modena in Italien aufgewachsen. Meine Eltern waren Bauern, und wir lebten zu achtzehn in unserem Haus: Geschwister, Tanten, Onkel, Cousinen und die Grosseltern. Ich habe natürlich viel auf dem Hof geholfen. Wir hatten Kühe, Hasen, Enten, Hühner und Pfauen. Mit 9 Jahren begann ich ausserdem, das Schusterhandwerk zu erlernen. Am Morgen war ich in der Schule und am Nachmittag beim Schuhmacher in unserem Dorf. Weil wir Bauern waren, hatten wir während der Kriegsjahre immer genug zu essen. Aber die Bomben habe ich erlebt: An einem Morgen im Jahr 1943 habe ich mich ausnahmsweise früher als sonst auf den Weg zur Schule gemacht. Unten am Fluss habe ich mich auf eine Mauer gesetzt und ein bisschen gewartet. Auch Soldaten der deutschen Besatzung waren in der Nähe. An diesem unseligen Morgen sind vier amerikanische Flugzeuge gekommen, und diese geistlosen Soldaten haben ihre Maschinengewehre genommen und auf die Flugzeuge geschossen. Als ich das sah, bin ich zu einem Restaurant gerannt. Gerade als ich ins Haus sprang, ist die erste Bombe hochgegangen. Alles wurde schwarz. Es waren verschiedene Leute im Haus. Einem Mann hat es den Kopf weggesprengt. Ich bin in die hinteren Räume gelaufen, und da krachte der Boden unter mir zusammen. Aber ich stand genau auf jenem Balken, der ganz blieb.

Man weiss nie, wann der Tod kommt. Ich will nicht sagen, dass ich zum Sterben bereit bin. Nein, das nicht. Aber ich weiss, dass ich es nehmen muss, wie es kommt. Ich denke manchmal daran, wie mein Grossvater gestorben ist. Ich war 6 Jahre alt und er war mein erster Toter. Er hatte Krebs – vielleicht, weil er immer Pfeife geraucht hat. Seine Methode war speziell: Wenn die Pfeife fertig war, hat er die Tabakreste herausgekratzt, sie in den Mund geschoben und gekaut. Später hat er das Gekaute dann in der Sonne getrocknet, mit frischem Tabak vermischt und wieder in die Pfeife gestopft. So ging das immer weiter. Naja.

Auf jeden Fall lag er im oberen Stock unseres Hauses im Bett und war schwer krank. Eines Tages sind seine Töchter heruntergekommen und haben gesagt, dass er nun sterben werde. Ich bin mit ihnen hochgegangen und habe gesehen, wie er ging. Er wollte noch etwas sagen, aber er konnte nicht mehr. Der Mund hat sich bewegt, aber es ist kein Laut herausgekommen. Dieses Bild habe ich immer bei mir.

Als ich 20 Jahre alt war, habe ich meinem Vater gesagt, dass ich von zu Hause weggehen möchte. Ich wollte den Hof nicht übernehmen. Wegen der Kälber, die schon nach neunzig Tagen in die Metzgerei kamen. Ja, deshalb. Zum Glück hatte ich eine wunderbare Grossmutter, die mir half. Sie war es, die meinen Vater überzeugte: ‹Lass dein Kind gehen, wohin es will›, hat sie zu ihm gesagt. Wenig später bin ich nach Venezuela gegangen. Warum? Weil ich wirklich weg wollte! Wäre ich nur nach Deutschland gegangen, wäre ich beim ersten Heimweh wieder nach Hause gefahren. Von Venezuela aus ging das nicht so leicht – sieben Jahre bin ich geblieben. Bis ein Brief kam, in dem stand, dass mein Vater nur noch wenige Monate zu leben habe. Da bin ich zurück gefahren.

Mein Vater hat dann trotzdem noch siebzehn Jahre gelebt. Aber ich blieb nicht lange zu Hause. Nach wenigen Wochen bin ich in die Schweiz gefahren, um dem Militärdienst zu entkommen. Weil eine Cousine von mir in Birsfelden lebte, bin ich auch dorthin gegangen. Die ersten Wochen in der Schweiz habe ich oft auswärts gegessen. Auf dem Weg zum Restaurant habe ich zum ersten Mal meine Rosetta gesehen. Wir haben gleich miteinander gesprochen! Ja ja, so war das.

Es ging nicht lange, und ich fand eine Wohnung und Arbeit bei einer Elektrofirma. Rosetta und ich haben geheiratet, und schon bald ist unser Sohn Rino auf die Welt gekommen. Als zwei Jahre später dann Cristina geboren wurde, ist eine Welt zusammengebrochen. Weil sie behindert ist. Ich erinnere mich noch gut an das Telefon vom Krankenhaus. Ich bin sofort hingefahren, und ein Arzt hat mit mir gesprochen. Er hat mir gesagt, dass solche Kinder mehr Hilfe brauchen als andere. Ich habe ihn gefragt, ob ich das Mädchen sehen dürfe. Da haben sie ein Wägelchen ins Zimmer geschoben, und darin lag meine Tochter. Ich habe sie angeschaut und gesagt: ‹Ich liebe dich so, wie du bist.›

Leider weiss ich nicht mehr, wie der Arzt geheissen hat. Warum? Ich hätte ihm so gerne gezeigt, was aus Cristina geworden ist!

Ich rede nie über den Tod. Es kann sein, dass ich einmal etwas sage, das mit meinem Tod zu tun hat. Aber das sind nur Worte. Wirklich reden über den Tod tue ich nie. Aber ich rede auch nicht auf diese Weise über das Leben. Wenn jemand stirbt, finde ich das schade. Aber Gedanken darüber mache ich mir nicht. Es ist mir auch egal, ob ich verbrannt werde oder erdbe-stattet. Viele Italiener, die in der Schweiz leben, möchten nach ihrem Tod nach Italien zurückgebracht werden. Sie möchten dort beerdigt werden, wo sie geboren sind. Für mich ist das anders. Ich bleibe hier. Warum? Wo meine Familie ist, bleibe auch ich! Ich bin im Alter hier geblieben und ich werde auch im Tod bleiben. Hier wohnt mein Sohn mit seiner Frau und seinen beiden Töchtern. Hier wohnt Cristina.

Ich verlasse sie nicht. Wir gehören zusammen.»

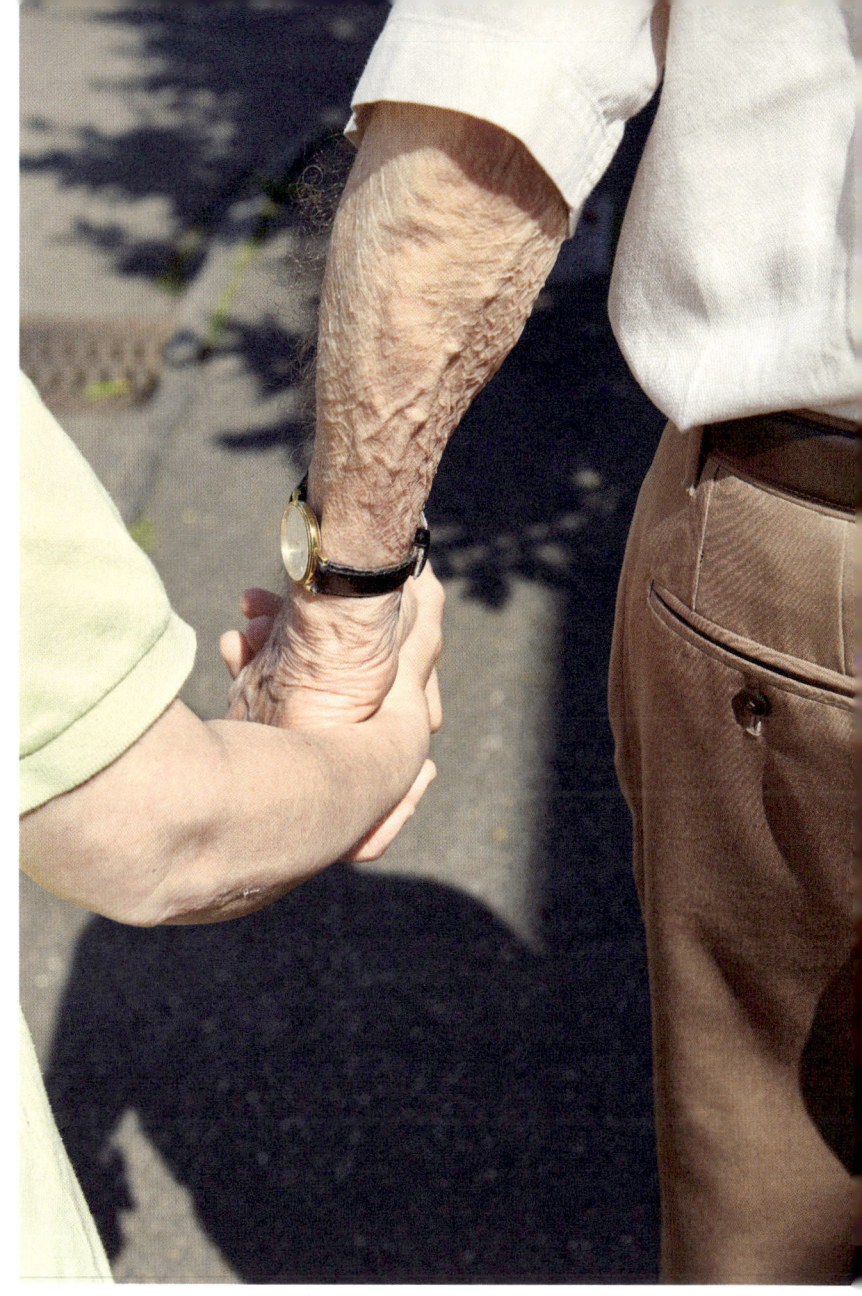

« Ich
kann
mir
gut
vorstellen,
alleine
zu
sterben
»

Monica Gubser

*1931

Monica Gubser ist eine kleine Frau, aber wenn sie erzählt, füllt sie den Raum. Die Schauspielerin sitzt auf einem braunen Sessel in ihrer Wohnstube in Zuchwil (SO), hinter ihr ein riesiges Bücherregal. Darauf steht das Foto einer Theaterbühne mit geschlossenem Vorhang: Basel, 1948. Heute hat die 87-Jährige drei Drehbücher gleichzeitig auf dem Tisch. In ihrem letzten Kinofilm spielte sie eine Frau, die glaubt, an Demenz zu leiden, und ihrem Leben deshalb ein Ende setzen will.

«Wenn man mittendrin steckt, ist ein Menschenleben lang. Aber jetzt, im Alter, geht die Zeit schnell vorbei. Natürlich beschäftige ich mich mit dem Tod. Ich bin mir der Endlichkeit bewusst; ich bin Ende 80.

Seit meinem Film ‹Die letzte Pointe› werde ich oft gefragt, ob ich Angst vor dem Tod habe und ob ich mir vorstellen kann, den Freitod zu wählen. Ich antworte immer dasselbe: Jetzt mache ich mir keine Sorgen wegen dem Tod, da muss jeder durch. Es kommt, wie es kommt, das liegt nicht bei mir. Allerdings ist mein Kopf noch gut und ich kann arbeiten. Wie es ist, wenn der Tod dann wirklich dasteht und ich vielleicht Schmerzen habe, weiss ich nicht.

Ich kann mich noch gut an das Gesicht meiner Schwester erinnern. Sie war eineinhalb Jahre älter als ich, ein kräftiges Mädchen. Mit 8 Jahren ist sie an einer Hirnhautentzündung gestorben. Damals haben wir in Meilen am Zürichsee gewohnt. Die Eltern haben das Kind gewaschen, angezogen, eingesargt. Früher hat man die Toten zwei Tage zu Hause aufgebahrt, ich sehe das Zimmer noch heute. Die Leute sind gekommen, um sich zu verabschieden, das halbe Dorf ist gekommen. Später ist der Leichenwagen mit den beiden Pferden vorgefahren. Sie haben den Sarg auf den Friedhof gebracht. Wir sind hinterher gegangen, zuerst die Männer, dann die Frauen, so war es Brauch.

Für Eltern ist es das Schlimmste, was passieren kann – ein furchtbarer Schlag. Ich selbst konnte den Tod nicht recht einordnen. Für mich war die Trauer das Schlimmste: Über dem ganzen Haus hat sie gelegen, wochenlang wurde geweint, drei

Jahre hat meine Mutter Trauer getragen. Ich habe das erst viel später verarbeitet.

1943 sind wir dann nach Basel gezogen, mitten im Krieg. Mein Vater, ein Arzt, hatte einen Herzinfarkt erlitten und wollte seine Hausarztpraxis abgeben. Die Eltern haben sich wohl auch gesagt, dass jetzt genug sei mit der Trauerei. Es musste ja weitergehen. In Basel ist es dann Stück für Stück aufwärts gegangen. Ich bin in die Sekundarschule gekommen und innerhalb von zwei Monaten konnte niemand mehr sagen, ob ich jetzt ein Zürcher Kind sei oder ein Basler Kind – so schnell habe ich den Dialekt angenommen. Ich weiss nicht, warum ich mich so schnell integriert habe, aber diese Stadt ist mir einfach entgegengekommen. Ich habe Basel unglaublich gern, mein Herz ist noch immer dort.

In meinem Leben ist vieles zu mir gekommen – ich musste nur danach greifen. Ich bin sehr zufrieden mit meinem Leben, es ist viel vollbracht. Was jetzt noch kommt, lasse ich auf mich zukommen. Natürlich macht jeder Mensch auch Fehler. Aber man sollte seine Fehler zulassen, also ich lasse meine Fehler zu. Was geschehen ist, ist geschehen. Allerdings würde ich wohl auch das meiste wieder gleich machen.

Wenn ich einmal wehmütig bin, dann im Frühling: Alles blüht, alles kommt wieder. Nur die Menschen, die mir am nächsten sind, kommen nicht mehr. Im Jahr 1960 ist meine Mutter gestorben, mit 64, an Krebs. Seither ist sie immer irgendwo in meiner Nähe. Ich spüre das manchmal. Die Mutter und ich hatten den gleichen Humor. Ich denke oft an sie und muss lachen.

Schuld daran, dass ich zum Theater bin, war meine Grossmutter. Sie war Opernsängerin und hat viel mit mir gesungen. Ausserdem hat sie mir von den Schauspielerinnen erzählt und von der Bühne mit dem roten Vorhang. Als Kind bin ich manchmal hinter den Vorhang im Wohnzimmer gestanden und habe ein ‹Versli› aufgesagt. Weil meine Grossmutter mir erzählt hatte, dass es gut sei, wenn alle Leute klatschen würden, habe ich mir das vorgestellt. Etwa so ist es dann ja auch gekommen. Mit 16 bin ich an die Schauspielschule nach Zürich gegangen. Danach haben sie mich in Basel und später in Solothurn engagiert. Dort habe ich dann gespielt, was Gott verboten hat – grosse Sachen, kleine Sachen, leichte Sachen, schwere Sachen. Es war eine wunderbare Zeit.

Dann kam die Liebe. Ich habe meinen Mann im ‹Zunfthaus zu Wirthen› kennengelernt, er war der Sohn des Wirte-Ehepaars. Für mich war klar, dass ich vom Theater weggehe, wenn ich eine Familie gründe. Nach der Hochzeit ging deshalb ein völlig anderes Leben für mich los. Ich habe drei Buben bekommen und die Wirteschule gemacht. Dreissig Jahre lang haben wir im ‹Chez Derron› in Solothurn gewirtet, dem heutigen ‹Baseltor›. Die Gastronomie ist ein harter Job, und ich hatte immer viel zu tun. Das Theater habe ich trotzdem nicht vermisst. Irgendwann sind wir älter geworden und haben das Restaurant verkauft. Auch die Ehe ist zu jener Zeit auseinandergegangen.

Manchmal heisst es doch: ‹Er konnte im Kreise seiner Familie sanft entschlafen.› Also da bin ich nicht dafür. Nein, ich möchte nicht, dass die ganze Verwandtschaft um mein Bett steht und sich fragt: Lebt sie jetzt noch oder ist sie schon gegangen? Aber dass jemand bei mir ist–vielleicht. Ich könnte mir aber auch gut vorstellen, alleine zu sterben.

Wenn wir sterben, gehen wir in Dimensionen ein, von denen wir keine Ahnung haben. Der Körper bleibt hier, der wird beerdigt. Aber man nimmt etwas mit, das einen Sinn hat. Und damit kommt man irgendwann wieder auf die Welt. Wenn ein Mensch sagt, dass alles vorbei ist, wenn man stirbt, kann ich das nicht nachvollziehen. Dann ist es ja völlig unnötig, dass man sich bemüht, etwas Sinnvolles zu machen. Nein, ich denke, dass ich von irgendwoher komme und aus meinem Leben auch etwas mitnehme.

Ich war um die 60, als wir daran dachten, mit dem Wirten aufzuhören. Ich habe mir überlegt, was ich danach machen sollte. Einfach zu Hause zu sitzen konnte ich mir nicht vorstellen. An die Schauspielerei habe ich nie gedacht. Bis eines Tages ein Mitarbeiter unseres Restaurants zu mir kam und sagte, dass ein Mann vom Film da sei und nach mir fragen würde. Es war ein Regieassistent von den Bavaria Studios, der einen Film in Solothurn drehte. Er fragte mich, ob ich mitmachen wolle. ‹Kommt nicht in Frage!›, habe ich geantwortet, schliesslich war ich dreissig Jahre lang weg vom Beruf. Aber er blieb hartnäckig. Dafür bin ich dankbar – sonst wäre es vielleicht gar nicht zu meiner Alterskarriere gekommen.

Ich möchte nicht bei einem Unfall oder so sterben, ich möchte mich darauf vorbereiten können, dass ich bald gehe. Also ich bereite mich jetzt schon vor: Bei jedem Frühlingsputz gebe ich Dinge weg, die ich nicht mehr brauche. Ausserdem habe ich ein Testament gemacht und rede mit meinen Söhnen darüber, was sie machen müssen, wenn ich sterbe. Im Alter muss man loslassen können. Das musste ich aber nicht lernen, das konnte ich schon. Zum Beispiel habe ich Arthrose in den Beinen und kann nicht mehr so schnell gehen: Macht doch nichts, sage ich mir, dann mache ich eben langsamer. Oder dann vergesse ich viele Namen. Aber ich sage mir einfach, dass ja wohl jeder selber wissen muss, wie er heisst.

Der grosse Durchbruch kam bei mir mit dem Film ‹Die Herbstzeitlosen›. Derzeit lese ich drei Drehbücher. Mal schauen, ob ich sie noch umsetzen werde. Ich war immer ein positiver Mensch, habe schon immer vieles als schön empfunden. Das ist ein Geschenk. Heute, im Alter, schätze ich alles fast noch mehr: Die Blumen. Die Tiere. Die Menschen. Die Veränderungen. Dass ich am Morgen aufstehen kann. Man wird noch aufmerksamer; weiss einfach, wie schnell alles vorbei geht. Man kann auch im Alter nicht stillstehen, es geht immer weiter. Der Endlichkeit entgegen.»

† Monica Gubser ist wenige Tage nach ihrem 88. Geburtstag im Spital in Solothurn verstorben.

Dank

Florian Huber
Eva, Christian und Andrina Kost
Toni Leibundgut
Pius Schmid
(M.K.)

Küse Fehlmann
Myrtha und Edi Boutellier
Verena und Peter Kessler
(A.B.)

Veit Arlt
Brigitte Baur
Elfriede und Herbert Beck
Heike Bittel
Filiz Büklü
Ursula Corti
Bruno und Vreni Dörig
Raffael Dörig
Simone Furrer
Carmen Gallacchi
Paola Gallo
Nora Geiger
Dinah Hess
Claudia und Daniel Huber
Andrea Köhler-Ludescher
Lorenz Kunfermann
Joana Mösch
Silvia Mora
Heike Ossenkop
Ueli Pfister
Pieter Poldervaart
Iris Ritte
Lilo Roost Vischer
Julia Schuler
Sarah Spale
Gaby Springer
Beatrice Stein
Wolf Südbeck-Baur
Anna Tschannen
Sara Winter Sayilir
Ursi Wirz

Impressum

Die Autorin:
Mena Kost (*1980) ist freie Journalistin und Autorin. Sie ist auf Porträts, Interviews und sozialpolitische Themen spezialisiert und schreibt Bücher für Kinder und Erwachsene. Sie lebt mit ihrer Familie in Basel.

Die Fotografin:
Annette Boutellier (*1966) arbeitet als freischaffende Fotografin, betreibt ein Atelier und reist für Zeitschriften und Magazine, NGOs und kulturelle Organisationen durch die nahe und weite Welt. Sie lebt in Bern.

Diese Publikation wurde ermöglicht durch Beiträge der Christoph Merian Stiftung, Burgergemeinde Bern, Ernst Göhner Stiftung, Lotteriefonds Kanton Solothurn, Mobiliar, Stiftung Felsengrund und Swisslos/Kulturförderung, Kanton Graubünden.

Bibliografische Information der Deutschen Nationalbibliothek:
Die Deutsche Nationalbibliothek verzeichnet diese Publikation in der Deutschen Nationalbibliografie; detaillierte bibliografische Daten sind im Internet über http://dnb.dnb.de abrufbar.

3. Auflage 2020
© 2020 Christoph Merian Verlag

Fotografie: Annette Boutellier, Bern
Lektorat: Doris Tranter, Basel
Gestaltung: Karin Rütsche,
Focus Grafik, Basel
Lithos: Andreas Muster, mustera, Basel
Druck und Bindung: Kösel GmbH & Co. KG, Altusried-Krugzell
Schriften: Fugue, Foundry Form
Papiere: Munken Polar 130 g/m^2, Peydur Feinleinen 135 g/m^2, f-color glatt 120 g/m^2

ISBN 978-3-85616-914-5
www.merianverlag.ch